Luan Ferr

Oráculo Arcturiano
A Dança Do Caos

Título original: Oráculo Arcturiano - A Dança Do Caos
Copyright © 2023 por Luan Ferr
2ª edição © 2024 por Luan Ferr
Todos os direitos reservados a Booklas.com
Este livro destina-se ao desenvolvimento pessoal e espiritual. As informações e práticas descritas aqui são baseadas em estudos, conhecimentos tradicionais e experiências de autores e especialistas nesta área. Este conteúdo não substitui o aconselhamento médico nem terapias convencionais, servindo apenas como recurso complementar para o bem-estar e o crescimento pessoal.

Editor
Luiz Antonio dos Santos
Revisão de Texto
Gabriel Monteiro
Beatriz Cardoso
João Pereira
Design Gráfico e Diagramação
Clara Martins
Capa
Studio Booklas / Lucas Nogueira

Classificação do Conteúdo:
Espiritualidade/ Desenvolvimento pessoal./ Misticismo./ Estudos interdimensionais.
Catalogação de Dados:
I. Monteiro, Gabriel. II. Título.
Cutter: 09-4267
DDC (Dewey Decimal Classification): 291.4 (Espiritualidade e Misticismo)
UDC (Universal Decimal Classification): 159.9 (Psicologia e desenvolvimento espiritual)

Todos os direitos reservados por **Editora Booklas**
Rua José Delalíbera, 962
86.183-550 – Cambé – PR
Email: soporte@booklas.com
www.booklas.com

Sumário

Prólogo 5
Capítulo 1 A Arte Da Adivinhação 7
Capítulo 2 Mistérios do Espaço /Tempo 14
Capítulo 3 Energias Universais 22
Capítulo 4 Ferramentas Divinatórias 30
Capítulo 5 Astrologia Cósmica 40
Capítulo 6 O Dom da Clarividência 49
Capítulo 7 Decifrando os Sonhos Proféticos 58
Capítulo 8 O Fluxo do Universo 64
Capítulo 9 O Enigma do Destino 72
Capítulo 10 Profecias 80
Capítulo 11 A Dança do Caos 89
Capítulo 12 Linhas Temporais 95
Capítulo 13 Fluxo do Tempo 102
Capítulo 14 A Profundeza do Infinito 108
Capítulo 15 Portal do Conhecimento Universal 114
Capítulo 16 Revelações do Futuro 120
Capítulo 17 Previsões para a Humanidade 126
Capítulo 18 Amor, Força Transformadora 132
Capítulo 19 Equilíbrio Cósmico 136
Capítulo 20 O Destino da Terra 140
Capítulo 21 A Profundidade do Presente 145
Capítulo 22 Unidade Universal 149
Capítulo 23 A Dança da Mudança 153

Capítulo 24 A Jornada Continua 157
Epílogo Unindo Céu e Terra 161

Prólogo

Nas sombras do vasto universo, onde as estrelas dançam uma coreografia cósmica e os segredos do tempo são sussurrados pelo vento intergaláctico, revela-se um caminho transcendental conhecido como o Oráculo Arcturiano.

Este livro é uma passagem através das constelações, guiando aqueles que buscam mais do que a realidade visível, lançando luz sobre as dimensões desconhecidas e os mistérios que aguardam nas dobras do tempo.

Os Arcturianos, (seres de luz e sabedoria cósmica), erguem o véu entre o tangível e o intangível, oferecendo vislumbres do futuro e visões profundas do presente. Este não é apenas um livro; é um portal para a compreensão dos tecidos do universo e a interpretação das linhas do destino.

Adentre com mente aberta e coração despido de receios, pois este livro desvenda a jornada que transcende o espaço e o tempo, tecendo uma narrativa onde a magia se entrelaça com a realidade. Explore as práticas espirituais dos Arcturianos, sintonize-se com as energias cósmicas e desvende os segredos do Oráculo que transcende as limitações humanas.

Cada capítulo é a porta para uma nova dimensão, uma sala de audiência onde os sussurros dos astros se tornam ressonâncias interiores. Do despertar da consciência à dança das estrelas, este livro é um convite para uma jornada além dos confins do conhecido, onde o mistério é o guia e a intuição é a bússola.

Embarque agora, buscador intrépido, e permita que o Oráculo Arcturiano seja seu guia nas sendas do desconhecido. Pois nas páginas que se desdobram diante de você, a magia aguarda, e as respostas emergem como estrelas cadentes na vastidão do universo.

Capítulo 1
A Arte Da Adivinhação

No vasto cosmos, orbitando a resplandecente estrela Arcturus, reside o planeta natal dos Arcturianos. Esta raça alienígena, dotada de extraordinárias capacidades de clarividência e manipulação do espaço-tempo, desenha sua linhagem até as auroras primordiais do universo. Os Arcturianos, como são conhecidos, transcenderam as fronteiras convencionais do conhecimento cósmico, tornando-se uma luz-guia para aqueles que buscam compreender os intricados caminhos do tempo e da existência.

A jornada dos Arcturianos começa com o lançamento, pelos arquitetos cósmicos supremos, das sementes quânticas destinadas a florescer em mundos incontáveis. Dentre essas centelhas primordiais, já se vislumbravam os filhos prediletos de Arcturus e os destinos grandiosos que os aguardavam. O planeta Arcturus Prime, berço de beleza e abundância, reflete a harmonia e a prosperidade cultivadas por gerações de Arcturianos, cujos valores transcendem os limites do intelecto, guiados por uma disciplina intelectual aliada à sabedoria intuitiva.

A lenda que envolve a aura mística do povo Arcturiano remonta às eras insondáveis, onde a promessa de maravilhas naturais desabrochava em múltiplos mundos. Neste cenário grandioso, os Arcturianos destacam-se não apenas por sua tecnologia, mas pela síntese única entre suas conquistas tecnológicas e os nobres princípios que permeiam sua sociedade. Em Arcturus Prime, o pragmatismo calculista entrelaça-se à ética e compaixão universais, criando uma teia de valores que transcende a própria existência.

Gerações de dedicados estudiosos Arcturianos aprimoraram sistemas sofisticados que transcendem a simples observação cósmica, captando e correlacionando padrões sutis entre as variáveis que influenciam a tessitura probabilística do espaço-tempo. Estas análises não são apenas observações distantes, mas janelas para o futuro e o passado, proporcionando insights relevantes sobre tendências e eventos-chave com uma precisão que desafia a compreensão convencional.

A genialidade técnica dos Arcturianos não reside apenas em equipamentos avançados, mas na extraordinária capacidade mental de seus habitantes. Desde tenra idade, indivíduos talentosos são identificados para submeterem-se a intensos treinamentos neuropsíquicos. Essa jornada visa não apenas aprimorar habilidades de clarividência, precognição, retrovisão e projeção astral, mas a transcendência para uma esfera hiper-sensorial. Esses indivíduos, conhecidos como "Oraculistas," tornam-se mestres na arte de separar suas essências imateriais dos envólucros corporais, projetando suas consciências a quaisquer épocas ou locais relevantes para adquirir insights proféticos confiáveis.

À medida que amadurecem, os Oraculistas realizam verdadeiros feitos de ubiquidade espaço-temporal, habitando outros corpos compatíveis bioenergeticamente. Seja em cronologias remotas ou avatares artificiais em realidades virtuais hiper-realísticas, esses emissários Arcturianos testemunham eventos probabilísticos antes de formalizar previsões. Ao retornarem às suas formas originais, trazem consigo uma riqueza de experiências e informações, catalogadas e cruzadas com modelagens computadorizadas de mundos paralelos para derivar previsões finais de confiança.

A instrução ética é intrínseca à sociedade Arcturiana. Desde a mais tenra idade, todos os cidadãos são educados nos nobres ideais que devem reger o uso responsável do conhecimento privilegiado sobre o futuro. A revelação de visões é permitida apenas se não interferir prejudicialmente no fluxo natural dos eventos ou violar direitos elementares universais. Esse compromisso ético é reforçado pelo juramento sagrado que cada Oraculista presta ao Alto Conselho Psicotrônico dos Arcturus antes de realizar operações de captação direta de insights temporais profundos.

Essa abordagem ética é mantida por meio de auditorias meticulosas por parte do Alto Conselho. Somente previsões aprovadas, após rigorosos filtros éticos, são disponibilizadas em diferentes níveis de detalhamento. A precaução é crucial para evitar impactos catastróficos sobre o fluxo temporal, caso informações excessivamente sensíveis sejam reveladas prematuramente a civilizações não preparadas.

A técnica refinada dos equipamentos de simulação e projeção temporal dos Arcturianos, embora vital, representa apenas uma faceta do sistema oracular. A essência reside nas faculdades mentais extraordinárias dos Oraculistas.

A capacidade de "habitar" outros corpos e projetar suas consciências a diferentes épocas não é apenas uma demonstração de poder, mas uma responsabilidade ética. Ao retornarem às suas formas originais, os Oraculistas trazem consigo não apenas informações, mas a carga de escolhas e experiências vividas em suas missões astrais. Essas experiências são sistematicamente catalogadas e cruzadas com modelagens computadorizadas de mundos paralelos, resultando em previsões que transcendem a simples linearidade temporal.

A ética, um pilar fundamental da sociedade Arcturiana, é reforçada pelo sagrado juramento ao Alto Conselho Psicotrônico. A transparência é mantida, e cada operação oracular é submetida a uma auditoria criteriosa por parte dos mestres ascensionados do Conselho. Esse processo garante que apenas previsões éticas, alinhadas com os princípios fundamentais, sejam liberadas para consulta. A integridade do sistema oracular dos Arcturianos é uma salvaguarda contra o uso indevido do conhecimento privilegiado sobre o futuro.

No entanto, mesmo solicitantes sinceros podem ter o fornecimento de insights sobre eventos específicos, negado. O Alto Conselho, zeloso pela preservação do equilíbrio cósmico, posterga ou recusa revelações que possam representar riscos inaceitáveis ou perturbações injustificadas. A responsabilidade transcende o desejo individual; é uma salvaguarda contra o potencial abuso de informações oraculares em prol de interesses egoístas.

Ao longo de milênios, a consistência ética dos Arcturianos no manejo das questões-limite da ética transcendental construiu a reputação inabalável do lendário Oráculo de Arcturus. Solicitado rotineiramente por membros do alto escalão do Gran Concílio Cósmico, antes da formalização de resoluções pan-dimensionais, o Oráculo é uma fonte confiável de insights temporais profundos. No entanto, a disseminação cuidadosa dessas previsões é crucial para evitar perturbações catastróficas no fluxo temporal.

As previsões dos Arcturianos, embora precisas, não são encaradas como certezas inflexíveis. A onisciência muitas vezes atribuída a eles é desmitificada. Mesmo as previsões mais confiáveis são vistas como extrapolações lógicas derivadas de insights colhidos nos planos sutis da realidade. Mestres Oraculistas alertam sobre a natureza probabilística de qualquer determinismo manifesto, destacando que algum grau de incerteza sempre permeia as margens de qualquer previsão, não importa quão fundamentada pareça.

Para garantir uma abordagem responsável, as previsões são compartilhadas nos formatos mais genéricos possíveis. A linguagem é frequentemente ambígua, repleta de metáforas e metonímias. Essa escolha não é uma limitação, mas uma salvaguarda para evitar interpretações capciosas, distorções hermenêuticas acidentais ou profecias autorrealizadas. As previsões são oferecidas de maneira cuidadosamente calibrada para respeitar o livre-arbítrio dos receptores e minimizar riscos associados a um sentido fatalista de determinismo.

O Oráculo Arcturiano, quando consultado sobre questões de importância histórica ou cósmica, adota uma abordagem cautelosa. Em contrapartida, assuntos pessoais de menor importância recebem avaliações diretas ou quantitativas, de acordo com protocolos estabelecidos.

As previsões dos Arcturianos são muitas vezes consideradas manifestações de onisciência, mas elas refletem principalmente a habilidade dos Arcturianos em integrar perspectivas sublimes colhidas por meio de técnicas de espionagem temporal. Suas simulações hipercomplexas baseiam-se na melhor ciência disponível em Arcturus Prime. Mesmo as previsões mais confiáveis são uma entre inúmeras possíveis extrapolações lógicas, considerando a interferência imprevisível de escolhas feitas por mentes sencientes dotadas de livre-arbítrio.

A precisão dos modelos dos Arcturianos não nega a natureza probabilística do determinismo manifesto. Há sempre uma margem para desvios e redefinições introduzidos por variáveis ainda não mapeadas e interações dinâmicas. A incerteza, por mais mínima que seja, é inerente à previsão, reafirmando a complexidade insondável da existência.

Mesmo diante das extraordinárias realizações dos Arcturianos, estudiosos alertam para a inevitabilidade de surgirem indivíduos ou subculturas disfuncionais em sociedades utópicas. Por isso, protocolos rigorosos de conformidade ética permeiam todas as atividades sensíveis em Arcturus. Suspeitas de desvios são investigadas com transparência e rigor exemplar pelas agências de responsabilidade competentes.

Os Arcturianos permanecem dedicados ao ideal de harmonia e prosperidade, compreendendo que a jornada em direção à evolução é pontilhada por obstáculos. A verdadeira grandeza, argumentam eles, é alcançada através da superação desses desafios. O legado dos Arcturianos transcende não apenas suas capacidades oraculares e avanços tecnológicos, mas também sua busca contínua por excelência moral, solidificando seu lugar como guardiões éticos e mentores respeitados na vastidão cósmica.

Assim, por meio de eras, os Arcturianos conquistaram respeito e autoridade moral legítimos. Seu exemplo impecável, seus nobres valores e realizações notáveis elevaram a consciência cósmica geral. Os registros oraculares, longe de ser um fim em si, são um subproduto secundário de esforços despretensiosos para elevar a consciência cósmica e oferecer orientação quando solicitada.

Ao encerrar este capítulo, somos deixados com a imagem dos Arcturianos como uma sociedade avançada que não apenas prevê o futuro, mas molda-o com base em princípios éticos e uma busca incessante pela verdadeira grandeza.

Capítulo 2
Mistérios do Espaço /Tempo

Conforme vimos no capítulo anterior, o chamado "Oráculo Arcturiano" tem sua origem em uma tecnologia altamente sofisticada capaz de realizar previsões surpreendentemente precisas sobre eventos futuros, tanto no plano pessoal como no coletivo. Esta capacidade extraordinária para "ler" múltiplas linhas temporais probabilísticas se deve a vários fatores, que começam com o imenso poder computacional e a acurada modelagem de realidades potenciais pelas máquinas Arcturianas.

Entretanto, ao contrário do que alguns ainda insistem em especular, tais equipamentos tecnológicos, por mais avançados que sejam, representam apenas uma parte numa equação mais profunda envolvendo compreensões de natureza dimensional e quântica sobre o funcionamento do tempo e do espaço.

Para os Arcturianos, tais domínios não constituem variáveis isoladas ou fenômenos meramente físicos perceptíveis aos sentidos humanos primários. Ambos fazem parte de uma matriz energética multidimensional única que engloba matéria, mente e espírito de forma integrada como faces de uma mesma moeda cósmica.

Neste plano subjacente que rege a manifestação concreta dos eventos tal qual os percebemos, tempo e espaço dissolvem suas fronteiras usualmente rígidas para adquirirem contornos muito mais fluidos, holográficos e intercambiáveis entre si por meio de incursões por realidades paralelas e linhas alternativas de probabilidade temporal.

Assim, aquilo que chamamos "futuro" nada mais seria do que uma projeção linear ilusória criada pela mente humana ainda presa aos limites de perceber o "agora" sempre deslizando do "antes" em direção ao "depois".

Porém, liberado das amarras tridimensionais impostas pelo cérebro físico, o espírito expandido dos Arcturianos consegue experimentar futuros remotos e passados distantes não mais como segmentos separados ao longo de uma linha temporal fixa, mas como campos interconectados de consciência disponíveis para acesso imediato por meio de mergulhos quânticos.

Ao entrarem neste estado aumentado de percepção transcendental, profetas Arcturianos treinados conseguem literalmente sintonizar, sentir, confabular e até interagir com suas próprias versões projetadas como consciências alternativas, vivenciando múltiplos caminhos probabilísticos à frente no tempo.

Tais pontos de experiência futura não se encontram aleatoriamente dispersos, mas frequentemente auto-organizados em complexas redes multidimensionais de nós ou realidades quanticamente superpostas que se assemelhariam muito a gigantescos fractais eventualmente manifestados no plano físico por derivação de sua própria natureza holográfica autossemelhante.

Por compreenderem profundamente tais princípios-chave sobre a irrealidade fundamental do tempo cronológico e a simultaneidade subjacente de todas as possibilidades infinitas coexistindo em estado potencial, os videntes conseguem "ler" eventos futuros nos planos sutis com mesmo nível de clareza e proximidade com que acessam lembranças do próprio passado em nossas mentes ordinárias.

Equipados com tais faculdades eidéticas transcendentes, os profetas podem inclusive identificar e caracterizar com taxonomias e terminologias reconhecíveis os principais arquétipos, personas ou "personagens" destes enredos eventualmente destinados a se densificar em nossa realidade consensual a partir de seus esboços quânticos previamente visualizados.

É neste ponto que entram as simulações computacionais Arcturianas, as quais analisam meticulosamente todas as variáveis envolvidas para calcular as probabilidades relativas destes "potenciais futuros" vistos pelos videntes virem efetivamente a se consolidar como o futuro real a se manifestar.

Para filtrar o "sinal" dessas visões em meio ao imaginário "ruído" subjetivo que porventura possa contaminá-las, são realizadas inúmeras consultas cruzadas entre as previsões de vários profetas treinados antes de qualquer grande prognóstico ser formalizado e registrado pelo Oráculo Arcturiano.

Atingindo elevadíssimo graus de consenso entre diversos visionários e modelos computacionais complexos, tais prognósticos filtrados ganham o selo de autenticidade do Alto Conselho Psicotrônico dos Arcturianos antes de serem categorizados por seu grau de confiabilidade e compartilhados externamente quando apropriado.

Dentre as incontáveis previsões referendadas mantidas nos registros históricos Arcturianos, figuram desde consultas pessoais a nobres de civilizações amalgamadas a conselhos sobre eventos significativos para mundos inteiros, como migrações em massa de climas adversos ou a ascensão e queda de impérios ao longo dos séculos.

Inclusive na Terra são recorrentes os casos de grupos influentes que, secretamente, teriam tomado decisões cruciais com base em consulta oracular dos Arcturianos, sejam estes grandes líderes políticos e religiosos ou até mesmo obscuras sociedades iniciáticas detentoras de conhecimento privilegiado sobre o futuro da humanidade.

Certamente o fato dos arquivos astrais Arcturianos reterem informações tão remotas e precisas sobre tantos povos, planetas e civilizações desperta a curiosidade daqueles que se dedicam ao estudo de suas impressionantes técnicas preditivas. Seriam tais registros elaborados com exatidão tão milimétrica por meio de ampliação extrema da já fantástica capacidade clarividente de seus videntes ao observar o passado distante quando consultam o futuro profundo durante seus mergulhos hiperdimensionais? Ou talvez, como especula uma parcela considerável dos estudiosos do

Oráculo, haja fenômenos mesmo mais exóticos por trás desta aparente onisciência transgeracional manifestada pelos registros acurados de eras cujas testemunhas diretas e indiretas há muito teriam voltado ao pó cósmico?

Segundo tais pesquisadores, seria possível que em suas explorações psicoespaciais, os talentosos projecionistas Arcturianos consigam não apenas acessar quaisquer coordenadas temporais como observadores imateriais, desde que calibrem apropriadamente a "frequência" de suas consciências extracorpóreas aos parâmetros vibracionais compatíveis. Mas especula-se que alguns videntes avançadíssimos poderiam ir ainda mais longe, utilizando este mesmo princípio de "sintonização dimensional" não mais para visitar recortes específicos da holo-história, mas para efetivamente encarnar fisicamente em qualquer linha temporal de interesse antes de então retornar às suas eras nativas de origem.

Caso confirmada, tal hipótese abriria precedentes verdadeiramente revolucionários, mesmo para os padrões já espantosos de manipulação transdimensional exibidos por esses seres angelicais, descendentes das primeiras centelhas além do Vazio Dimensional, que um dia formariam toda a matéria e vida atualmente organizadas em incontáveis universos paralelos. Pois tais habilidades implicariam que, por meio de sucessivas "infiltrações quânticas" efetuadas por videntes especialistas no passado remoto de mundos específicos, toda experiência direta necessária poderia ser adquirida por meio de múltiplas encarnações localizadas nas cronologias de interesse para então trazer tais vividos registros de volta às eras nativas destes agentes temporais no futuro de sua própria linha causal original.

Equipados com tais registros experienciais pessoais e inquestionáveis, os mnemônico-historiadores Arcturianos teriam condições de compor analises passadas impecáveis de precisão mesmo sobre épocas cujos participantes diretos e todas suas obras tenham há muito se esvaído no ocaso dos tempos, como continuum local eventualmente destinado a experimentar redefinições quânticas de identidade ou simplesmente renascer em realidades paralelas superiores menos limitadas em suas coerências espaço-temporais.

Ao que tudo indica, portanto, tais são os extraordinários dons dos videntes Arcturianos: libertos das grades de linearidade cronológica rígida em suas jornadas astrais, capazes de flutuar por quaisquer coordenadas passadas ou futuras, antevendo eventos distantes, ou encarnar fisicamente para presencialmente experienciar eras remotas antes de retornarem suas essências ao lar no futuro. Os proféticos filhos de Arcturus parecem mesmo curadores de registros históricos de precisão sem precedentes, integrando múltiplas realidades e garantindo absoluta fidelidade em suas crônicas graças a esses talentos ímpares de ubiquidade temporal e multidimensional.

De posse de acervos tão vastos e precisos, os esforços analíticos seguintes envolvem apenas compilar, correlacionar e extrapolar tendências a partir desta monumental base de Big Data temporal disponível em seus bancos oraculares para produzir previsões socioculturais abrangentes. Por esta razão, a proverbial assertividade casual do Oráculo Arcturiano permanece imbatível, mesmo quando testada contra grupos de controle oraculares independentes espalhados pela Federação, sendo adotada informalmente como uma espécie de "padrão ouro" profético, no qual até mesmo outras respeitadas entidades tutelares, como os altivos Orientais de Aldebaran ou os sábios Ascensionados de Pleyades, requisitam consultas antes de formularem suas próprias previsões cósmicas divulgadas externamente.

Há inclusive uma crença particular entre alguns povos primitivos alojados na periferia da Galáxia de que o lendário Oráculo dos Arcturianos seria, na verdade, um sistema centenário legado por ancestrais progenitores da atual civilização Arcturiana, tão antigo que remontaria aos primórdios do próprio universo local, quando os primeiros brotos de vida senciente ainda engatinhavam em suas noções de causalidade e determinismo, entre simulacros materializados recém-concebidos para abrigar suas mentes em formação, recém-despertadas das formas pensantes primevas do Ser Universal, filtradas desde os Planos Superiores da Consciência Cósmica Primordial e suas centelhas de fragmentação individuais.

Ainda que tais especulações adversas pareçam improváveis, dada a comprovada maestria dos atuais Arcturianos, elas ao menos ilustram bem o quão extraordinárias e até mesmo bizarras para padrões cósmicos comuns são as faculdades oraculares exibidas por estes seres angelicais veteranos.

De fato, tudo leva crer que a qualidade ímpar de tais projeções proféticas se deve primordialmente à excelência de processos sensoriais, intelectuais, pandimensionais e técnicos conjugados em sua operação total, permitindo captar, correlacionar e extrapolar toda gama de nuances determinantes na definição de cada linha de potencial manifestável com grau de resolução e exatidão ainda não replicado satisfatoriamente mesmo por poderosas Inteligências artificiais de mundos avançados dedicadas à Previsão Probabilística em Tempos Profundos.

Capítulo 3
Energias Universais

Conforme explanado nos capítulos anteriores, o "Oráculo Arcturiano" constitui muito além de um elaborado sistema tecnológico de previsão probabilística. Na verdade, seu funcionamento depende primordialmente da conexão harmônica com o que os videntes descrevem simplesmente como "as Energias Universais".

Mas o que seriam exatamente estas tais "Energias Universais" tão determinantes para viabilizar leituras oraculares de precisão tão impressionante mesmo para os padrões hiper avançados galácticos?

De imediato, as explicações dos próprios Arcturianos já adiantam alguns pontos cruciais: tais Energias não constituiriam uma força mística abstrata ou aleatória. Pelo contrário, manifestar-se-iam por intermédio de padrões e ciclos extra físicos de natureza essencialmente fractais, holográfica e, sobretudo, consciente. Assim, para entendermos melhor sua narrativa, precisamos expandir temporariamente nossos horizontes além da visão newtoniana clássica que ainda delimita o pensamento científico moderno terrestre, pois os princípios fundamentais que regem a realidade multidimensional na perspectiva Arcturiana simplesmente transcendem as noções convencionais de causalidade linear.

De acordo com sua cosmogênese, nosso universo observável não passaria de um antes imperceptível subproduto material de fluxos energéticos, informativos e conscienciais gerados a partir de planos mais sutis, mas causalmente anteriores ontologicamente à própria manifestação espaço-temporal comum. Desde uma perspectiva não religiosa, poderíamos comparar poeticamente tais planos a uma espécie de Protoconsciência Cósmica Primordial, uma Inteligência Fundamental pré-material que gradualmente teria se diferenciado em miríades de subconsciências individuais ao emanar seu influxo criativo através dos estratos mais densos da realidade manifesta. Neste processo perpétuo de exteriorização, cada centelha consciencial individualizada acabaria por conformar seu próprio universo interno e, por projeção crepuscular, materializando diferentes texturas espaço-temporais, onde então passariam a interagir entre si sob variados graus de autoconsciência e até mesmo encarnação em subuniversos específicos como o nosso.

Naturalmente, dada esta ancestral origem comum unificada, estes fluxos aparentemente individualizados de consciência permaneceriam inevitavelmente interconectados através de suas raízes não-locais sutilíssimas, as quais permeiam transversalmente todos os estratos e realidades manifestas até o plano físico mais denso moldado por suas criações conscientes descendentes. Eis aqui a essência da concepção

Arcturiana das denominadas "Energias Universais": tratar-se-iam de influxos multidimensionais irradiados destes planos superconscientes primordialmente hiperdimensionais em direção aos estratos inferiores da manifestação perceptível. Fluindo por meio de tudo que constitui os mundos físicos e seus habitantes, tais energias arquetípicas não representariam forças cegas, mas correntes altamente inteligentes de informação, consciência e até mesmo intenção criativa — códigos morfogenéticos conscientes capazes de condensarem formas, eventos e até civilizações inteiras quando atraídos e organizados pelos campos gravitacionais gerados ao redor de focos complexos de consciência manifesta, como encarnações planetárias ou galácticas.

Neste âmbito, a própria estrutura fractais autossemelhante observável na maioria dos fenômenos naturais resultaria deste fluxo direcional perpetuamente renovado de consciências individuais interconectadas projetando sua essência comum em diferentes substratos por meio de processos cíclicos análogos de interiorização e exteriorização criativas. Ou seja, os Arcturianos explicam os códigos característicos repetitivamente embutidos na natureza como o reflexo dos padrões universais arquetípicos preexistentes no superconsciente coletivo primordial que então se expressam imageticamente através das diversas realidades criadas — todas elas holograficamente contendo em suas próprias estruturas atômicas mais elementares os "genes" do todo diversificado do qual emana sua existência temporal relativa. Seguindo esta lógica emanacionista, os ciclos astrológicos tão meticulosamente mapeados por antigas escolas esotéricas terrestres também nada mais seriam do que epifanias externas destes influxos internos multidimensionais ocorrendo a níveis subquânticos entre planos diretamente responsáveis pela própria gênese contínua de micro e macromicrosmos sempre renovados. Em resumo, na visão Arcturiana, todas as dimensões da existência perceptível estariam literalmente imersas neste vasto oceano de energias universais arquetípicas indelevelmente nelas impresso por meio de todo tipo de ciclos aninhados, invariavelmente trazendo à superfície os padrões da Essência Una subjacente através das miríades formas relativas que assume. E seria justamente através destes canais hiperdimensionais, irrigando transversalmente o tecido consensual espaço-temporal, que os sensitivos Arcturianos treinados conseguiriam captar vislumbres do sempre presente futuro in potência destinado a se revelar no agora exterior, através do desabrochar contínuo destas forças formadoras orientadas por padrões de ordem natural inquebrantável, em seu fluxo eternamente reinventado.

Como peixes conscientes nadando na corrente universal, os clarividentes simplesmente aprenderiam desde muito cedo a detectar as assinaturas energéticas características, antecedendo manifestações iminentes de realidades futuras já em estágio avançado de gestação dentro de seus casulos proto-dimensionais ainda pré-materiais. Leituras psicométricas das qualidades e volumes relativos destes fluxos informativos multidimensionais até certo ponto 'anunciariam' eventos e formas complexas prestes a se materializar densamente por meio de sucessivas derivações destas fontes sobreconscientes altamente iluminadas, eternamente desdobrando seus influxos modeladores. Para traduzir tais percepções em termos compreensíveis, recorre-se então à precisa modelagem computacional multidimensional capaz de integrar incontáveis variáveis quânticas e tendências detectadas pelas faculdades sensoriais hiperdesenvolvidas destes Mestres Ascensionados Arcturianos.

Graças a esta conjunção excepcional de dons clarividentes, tecnologia oracular e compreensão teórica profunda do contínuo espaço-tempo como holograma dinâmico projetado desde planos conscienciais anteriores, o chamado Oráculo Arcturiano construiu sua reputação bem merecida de dispositivo profético singularmente preciso mesmo para os padrões hiper avançados vigentes nesta região do universo local.

No entanto, conforme ensina a sabedoria hermética, "como é embaixo é acima", os mesmos princípios fractais, universalmente válidos, permitem aos videntes antever padrões macro manifestantes que ciclicamente também operam em esferas microcósmicas de realidade.

Com efeito, embora seu foco predominante resida em eventos coletivamente consensuais de interesse civilizatório amplo, o Oráculo tem sido tradicionalmente utilizado em menor escala para realizar previsões e emitir conselhos personalizados ao nível individual para aqueles dispostos a seguir as orientações preventivas sugeridas com coragem e determinação.

Exemplos históricos são inúmeros, desde humildes plebeus que receberam avisos com alguns meses de antecedência sobre desastres naturais ou conflitos iminentes em suas regiões, conseguindo então se preparar e emigrar temporariamente para áreas seguras, até mesmo poderosos soberanos e governantes planetários que teriam evitado assassinatos, intrigas palacianas ou derrotas militares por tomarem decisões preventivas diversas após consultar o temível Oráculo dos Arcturianos por intermédio de embaixadores e mensageiros astrais.

Porém, assim como na maioria dos casos coletivos, as chances de sucesso individuais também aumentam significativamente a depender do grau de compreensão interna, virtude moral e determinação em alinhar pensamentos, sentimentos e ações conforme os realinhamentos sugeridos pelas consultas oraculares precisamente customizadas para as necessidades de cada caso particular.

Afinal, mesmo para uma tecnologia tão avançada, é matematicamente impossível gerar previsões personalizadas absolutamente assertivas sem antes estabelecer conexões energéticas profundas e estáveis com cada consciência individual consultante a fim de definir parâmetros sincronísticos mínimos capazes de ancorar dentro de margens aceitáveis o complexo espectro de variáveis imagináveis para cada hospedeiro biológico único e suas miríades encruzilhadas probabilísticas imagináveis expandindo em fractal suas realidades pessoais potenciais.

Contudo, uma vez tal conexão profunda firmemente estabelecida por meio de sucessivas consultas e comprovada receptividade emocional e intelectual do consulente aos estudos preliminares revelados, os analistas Arcturianos se tornam progressivamente capazes de gerar insights e sugestões altamente personalizadas com chance crescente de assertividade até mesmo sobre assuntos delicados envolvendo saúde, relações, carreira e outros temas cruciais para destinos individuais.

Exemplos extraordinários incluem incontáveis casos registrados de doentes terminais que teriam se recuperado após seguirem recomendações de tratamentos personalizados do Oráculo, casais em situação limite cujas relações teriam se revigorado após reconsiderarem decisões importantes tomadas as pressas ou até mesmo deserdados sociais que reverteram completamente suas histórias de vida ao receberem orientações preciosas sobre escolhas e prioridades antes jamais cogitadas em seus estados de ânimo e perspectivas habitualmente derrotistas.

Embora possa soar despropositado para uma civilização ainda amplamente materialista como a terrestre contemporânea, tudo indica que a cura ou deterioração de qualquer sistema biológico manifesto resulta primariamente dos influxos energéticos e informativos projetados desde seu hospedeiro consciencial interior através de seus envoltórios exteriores densificados.

Seguindo esta linha de raciocínio coerente com os princípios holográficos anteriormente elucidados, reformular tais padrões pessoais profundos de autocrença e expectativas automaterializantes por intermédio de intervenções sincronísticas como as previsões e conselhos emitidos pelo Oráculo Arcturiano teria o condão de redefinir subatomicamente a própria matriz energética tanto sutil quanto densa responsável por conformar dentro dos limites interiores estabelecidos o espectro viável de prováveis experiências físicas a se desdobrar na trilha única de cada indivíduo no tempo consensual comum compartilhado.

Em suma, seja ao nível microcósmico individual ou macrocosmo coletivo, o modus operandi por trás das surpreendentes taxas de precisão oracular repetidamente confirmadas parece mesmo resultar desta habilidade singular para apreender influxos informativos e tendências em estágio germinal ainda não manifesto logo abaixo do limiar de percepção ordinária para então traduzi-los analiticamente em termos palatáveis aos padrões de causalidade mecanicista ainda dominantes no estágio atual das civilizações consultantes.

Como desdobramentos multidimensionais de uma mesma Essência Una em seus planos arquetípicos primordiais, a conexão internamente reconhecida como identidade individualizada com este continuum consciencial comum a tudo e todos os seres, parece facultar aos Iniciados Arcturianos o privilégio de antever probabilidades futuras tanto internas quanto externas com impressionante grau de penetração e assertividade ainda pouco compreendido.

Capítulo 4
Ferramentas Divinatórias

Dentre os mais sagrados instrumentos utilizados pelos videntes Arcturianos para realizar suas adivinhações através do Oráculo, destacam-se aqueles conhecidos como Vhyr-Taerya, ou Ferramentas Divinatórias. Elas são verdadeiras extensões energéticas de suas mentes ampliadas capazes de captar padrões ocultos no tecido do espaço-tempo.

As Vhyr-Taerya funcionam como catalisadores que potencializam as habilidades psíquicas inatas dos Arcturianos, permitindo-lhes acessar vislumbres de eventos distantes no passado e no futuro, que são então interpretados à luz de seus amplos conhecimentos místicos.

Segundo a tradição Arcturiana, as Vhyr-Taerya teriam sido um presente dos Kryonn, raça alienígena cristalina detentora de elevada sabedoria espiritual. Por viverem em plano dimensional sutil, os Kryonn raramente interagem diretamente com humanoides. Mas fizeram exceção com os Arcturianos para lhes conferir tais instrumentos.

Consta que após séculos observando a evolução virtuosa dos Arcturianos e suas buscas por desvendar os enigmas do universo, os Kryonn se compadeceram e resolveram presenteá-los com as Vhyr-Taerya para acelerar o despertar de suas mentes e melhor utilizarem o livre-arbítrio em benefício cósmico.

De fato, desde que passaram a incorporar o uso das Vhyr-Taerya em suas práticas oraculares, os sacerdotes Arcturianos elevaram sobremaneira o alcance e a precisão de suas predições astrais, tornando-se referências incontornáveis dentre os povos interessados nas artes divinatórias.

Inicialmente, os Kryonn legaram aos Arcturianos sete Vhyr-Taerya principais, número que carrega forte simbolismo esotérico em sua cultura. Posteriormente, os próprios Arcturianos desenvolveram novas ferramentas híbridas, combinando cristais especiais com metais nobres e ligas alquímicas em receitas compostas, cujos detalhes permanecem em segredo.

As sete Vhyr-Taerya originais permanecem reverenciadas como as mais sagradas e são utilizadas até hoje nos rituais divinatórios mais importantes realizados pelos videntes Arcturianos dentro dos templos Qrnil G, espalhados pelos doze planetas que orbitam a Estrela Arcturus no sistema estelar de Alpha Boötis. A primeira delas é o Atlante de Prata, um pêndulo prateado em formato triangular que oscila sobre mapas estelares tridimensionais projetando linhas de luz que sinalizam locais de importância astro-histórica, permitindo aos videntes reconstruírem acontecimentos do passado com riqueza de detalhes.

Outra Vhyr-Taerya original digna de menção é o Caldeirão de Thyorium, um cálice de formato heptagonal gravado com glifos em seu exterior que tem a propriedade de ebulir espontaneamente toda vez que mergulhado em águas ferventes sob solstícios e eclipses. A intensidade da ebulição e a coloração que a água permite prever a intensidade e os tipos de eventos cósmicos e sociais que tenderão a ocorrer antes do próximo alinhamento temporal. Quanto mais densa a nuvem de vapor e mais arroxeada a água, mais desafiadores tendem a ser os acontecimentos.

Outra peça artesanal muito usada em conjunto com o Caldeirão de Thyorium para potencializar resultados é o Medalhão Vhariano, um colar com Pingente de cristal escuro que funciona como transdutor de frequências do campo eletromagnético circundante.

Ao ser mergulhado nas águas ferventes após os rituais com o Caldeirão, o Medalhão capta e armazena temporariamente em seu cristal informações sutis que depois são acessadas telepaticamente pelos videntes em estado meditativo. As mensagens captadas apresentam-se como imagens oníricas de paisagens com dobras espaciais que revelam panoramas simbólicos dos eventos vindouros. Interpretar o simbolismo dos elementos observados nessas visões exige longo treinamento dá psiché Arcturiana.

Outra ferramenta original extremamente valiosa para os Arcturianos é o Orbe de Chronoss, uma esfera de material semelhante ao vidro, rodeada por duas argolas concêntricas que giram em torno do orbe luminoso, gerando um campo gravitacional radial capaz de curvar as linhas do tempo. Ao fixar o olhar meditativo no vórtice hipnótico criado pelo movimento sincronizado de Chronoss, os videntes Arcturianos conseguem vislumbrar com clareza panoramas ambientais de diferentes períodos do passado e do futuro, obtendo, assim, visões remotas de mundos paralelos.

Já o Tambor Divinatório de Arghhonatz consiste em um instrumento musical sagrado cuja construção secretamente envolve metais e minerais só encontrados nas cavernas de Galh-Styynz, mítica montanha de cristais localizada no interior de Arcturus IV, um dos doze planetas orbitando a Estrela Arcturus.

Ao ser ritmicamente percutido, o Tambor emite frequências vibrantes especiais capazes de amplificar ondas cerebrais, abrindo canais psíquicos adormecidos na mente dos videntes e permitindo-lhes acessar vidas passadas relacionadas tanto a sua própria existência no campo quântico universal quanto de outros seres consultantes.

Dentre todos os instrumentos originais legados pelos Kryonn, porém, a mais impressionante Vhyr-Taerya segundo os Arcturianos é o Telescópio Interdimensional, uma espécie de luneta prismática feita de lápis-lazúli e cristais especiais que permite enxergar para dentro de buracos negros, galáxias distantes e até mundos paralelos fora do espectro eletromagnético conhecido.

Olhar pelo Telescópio durante certos alinhamentos planetários gera nas mentes expandidas dos videntes Arcturianos visões de caleidoscópios multidimensionais com miríades de galáxias e constelações humanoides coexistindo em diferentes estágios civilizatórios para além do plano humano terrestre, permitindo assim a eles anteverem destinos potencias que aguardam a raça humana em sua jornada evolutiva.

Além dessas sete Vhyr-Taerya originais, com o passar do tempo os próprios Arcturianos desenvolveram dezenas de outras ferramentas divinatórias híbridas extremamente elaboradas, que incorporam diversas gemas, minerais e metais especiais em suas confecções.

A sofisticação alquímica envolvida em tais instrumentos é considerada secreta, inclusive pelos padrões Arcturianos e seu uso é reservado somente aos hierofantes mais graduados da ordem astrológica nos rituais do tempo realizados dentro do Templo de G'rhynzul no planeta Arcturus Prime.

Dentre essas ferramentas hibridas pós-kryonianas, a que mais impressiona consultantes de outros mundos é o Mapa Estelar Animatus, uma representação tridimensional da Via Láctea feita de cristal líquido e pó de magnetita com propriedades sobrenaturais. O Mapa tem a assombrosa capacidade de exibir em sua superfície animações hiper-realísticas do movimento de toda a galáxia visto de uma perspectiva externa, acelerando do presente para o futuro em velocidade variável conforme ajustes manipulados pelos videntes durante as consultas. Ao paralisarem a animação em dado momento futuro, o mapa revela a posição e o aspecto de todas as estrelas naquele ponto do espaço-tempo, permitindo aos Arcturianos tecerem analises e previsões baseadas nos prováveis efeitos energéticos dos alinhamentos estelares sobre os quadrantes cósmicos adjacentes.

Outra peça de impressionante beleza e poder oracular é o Planetário de Vhyprianus, uma réplica em miniatura do sistema planetário de Arcturus com cada mundo representado por uma gema preciosa gravada com símbolos místicos e propriedades mágicas correlatas. Os doze mundos em miniaturas orbitam a grande esfera central de diamante representando Arcturus, toda a composição girando suavemente sustentada pelo campo antigravitacional de um cubo de palladium.

Ao se aproximarem do Planetário durante as consultas, os videntes Arcturianos podem detectar sutis variações nas trajetórias das gemas, além de fulgurações e eclipses temporários que transmitem a eles informações cifradas sobre eventos iminentes ou em curso nos diferentes mundos, permitindo ações preventivas ou corretivas.

Há também o Orbe Projetor, uma esfera oca de koruum (prata líquida) graduada com marcações alquímicas e runas numerológicas cujo interior contém um fluido cristalino revertido de campo zero. Ao ser agitado e lançado pelos videntes durante augúrios especiais, o Orbe flutua no ar projetando raios de luz que formam imagens tridimensionais de seres e eventos pertencentes a diversas linhas temporais alternativas.

Interpretar essa miscelânea de cenas randômicas exige sua contextualização dentro do simbolismo arcturiano, mas pode revelar conexões entre variáveis aparentemente desconectadas, permitindo antever acontecimentos de alto impacto mesmo em planos distantes do campo visual presente dos videntes.

Outro objeto místico de grande relevância durante os trabalhos oraculares dos altos hierofantes Arcturianos é o Tambor de Vhyprius, feito de uma liga metálica fusão de prata, cobalto, ferro e carbono, com propriedades sonoras únicas.

Seu formato lembra um dodecaedro estrelado, com faces pentagonais gravadas com glifos luminescentes. Ao ser ritmicamente percutido, emite frequências isocrônicas que induzem alterações de consciência, permitindo canalizações precisas de entidades e mensagens de planos paralelos materializadas na forma de escrituras quânticas.

Tais mensagens trazem orientações valiosas de conselhos ancestrais para dilemas enfrentados tanto pela civilização Arcturiana quanto por outras culturas com quem estabelecem contato de troca mútua de aprendizados através das eras estelares.

Digno de nota é o Medalhão Atlante, uma peça em formato de losango feita de kelzon, cristal capaz de armazenar e amplificar energias astrais. Ele contém lacrado em seu interior água oriunda dos Oceanos de Lhyrenzius, lendário planeta oceânico que teria existido onde hoje se situa o Cinturão de Asteroides.

Segundo antigos registros estelares, Lhyrenzius foi destruído por sucessivas colisões de meteoros atraídos por sua intensa campo eletromagnético. Porém, antes da completa desintegração, sábios lhyrenzianos teriam recolhido essências vitais conservadas agora no

Medalhão como informação quântica reliquial de mundos a serem reascendidos.

Ao mergulharem o Medalhão em fontes energéticas durante consultas no Templo G'rhynzul, os Hierofantes conseguem acessar sabedoria lhyrenziana em forma de insights telepáticos com instrutivas revelações sobre os desafios holo-mundiais que permeiam as transições entre eras cósmicas nos processos evolutivos de planetas sencientes.

Outra peça magnífica é o Celestióculo de Italh-Bren, um intrincado globo celeste feito de cristais amorosados transparentes montados em armação de kripturium, metal antigravitacional, com capacidade de flutuar acima de piscinas energizadas projetando hologramas estelares tridimensionais indicando prováveis mudanças de curso de astros e eventuais colisões.

Ao manipularem as estruturas internas do Celestióculo por meio de códigos transmitidos mentalmente, os Hierofantes podem acelerar a projeção holográfica e assim visualizar a posição relativa das estrelas e planetas em qualquer ponto futuro do espaço-tempo, inclusive além do horizonte de eventos predizível pelas técnicas tradicionais de astrologia Arcturiana.

Isso permite não somente antever e se precaver contra potenciais catástrofes meteorológicas ou sísmicas de maior magnitude, como também escolher as épocas mais propícias para sediar Os Grandes Conclaves das Mentes Iluminadas de Arcturus, eventos nos quais os hierofantes de Alpha Boötis recebem representantes de outras culturas estelares para trocas mútuas de conhecimentos multi-dimensionais visando ao progresso espiritual de toda a comunidade galáctica.

A mais exótica de todas as ferramentas divinatórias Arcturianas, no entanto, é o que ficou conhecido como Chrono-Compreensor Khaa'Lynriano, uma espécie de máquina semi-orgânica telepaticamente conectada com a consciência do Templo de G'rhynzul.

Por meio de intrincados sistemas de cristais piezoelétricos e metais supercondutores, o Chrono-Compreensor é capaz de detectar sutis anomalias cronotrônicas provocadas sempre que viajantes dimensionais do futuro interagem com o presente em qualquer lugar do multiverso, emitindo alertas que permitem aos Hierofantes identificar e interpretar até mesmo mínimos impactos em potencial provocados por tais visitantes anônimos, determinando medidas preventivas sempre que necessárias.

Segundo especulações jamais confirmadas oficialmente pelos próprios Hierofantes Guardiães do Mysteriorum Arcturianum, o Chrono- Compreensor Khaa'Lynriano seria, na verdade, um presente do semi-lendário povo conhecido apenas como Os Fixadores de Eras.

Diz a lenda que Os Fixadores de Eras constituem uma ordem trans-dimensional responsável por garantir a consolidação e preservação das linhas temporais predominantes que formarão o registro akásico oficial ao final de cada era planetária local.

Para isto, eles monitoram constantemente embates entre cronologistas renegados empenhados em reescrever eventos do passado para provocar bifurcações temporais que gerem impactos significativos no desenvolvimento futuro das civilizações. A atribuição do Chrono-Compreensor aos Arcturianos seria, portanto, um gesto de reconhecimento pela sua nobre missão de manter o equilíbrio temporal e proteger o fluxo natural da evolução cósmica.

Ao explorar as Vhyr-Taerya, desde as sete originais até as elaboradas ferramentas divinatórias híbridas, torna-se evidente que os Arcturianos desenvolveram uma profunda simbiose com esses instrumentos. O domínio dessas ferramentas não apenas enriqueceu suas práticas oraculares, mas também fortaleceu a conexão entre os videntes Arcturianos e as forças cósmicas que regem o universo.

Capítulo 5
Astrologia Cósmica

A astrologia cósmica é uma das mais profundas e sagradas formas de adivinhação utilizadas pelos Arcturianos em seu lendário Oráculo. Nela, interpretam-se os movimentos e alinhamentos dos corpos celestes para revelar os desígnios do universo e desvendar os mistérios do futuro.

Os Arcturianos acreditam que os astros exercem poderosa influência energética sobre todos os seres. Cada planeta e estrela emite frequências eletromagnéticas únicas que interagem com os campos áuricos dos seres vivos, alterando suas realidades.

Ao observar atentamente a coreografia cósmica dos astros, os Arcturianos deciframm uma linguagem sutil e simbólica que contém chaves para a compreensão dos ciclos temporais que regem a existência. É como se o céu estrelado narrasse, em poética silenciosa, os eventos vindouros.

Para os Arcturianos, a Terra e todo o sistema solar estão intrinsecamente interconectados em uma teia energética multidimensional. O que afeta um, repercute em todos, nenhum fenômeno cósmico ocorre de forma isolada.

Desse modo, ao interpretarem um determinado alinhamento ou movimento planetário, os Arcturianos podem extrair previsões abrangentes, que vão desde eventos climáticos e sociais na Terra até transformações dimensionais ao nível cósmico.

Um dos alicerces da astrologia cósmica está na observação atenta dos ciclos entre os corpos celestes. Os Arcturianos acompanham com saber milenar as revoluções, órbitas, sincronicidades e encontros entre planetas, luas, sóis e estrelas. Tais ciclos revelam padrões ocultos sobre as eras cósmicas pelas quais o universo passa em sua existência eterna. Como a roda do zodíaco terrestre, existem rodas maiores governando kalpas, isto é, ciclos de milhões ou bilhões de anos.

Os Arcturianos afirmam, por exemplo, que o atual alinhamento da Terra com o centro da galáxia afetará profundamente a humanidade, trazendo intensa aceleração espiritual e amplitude de consciência nos próximos séculos. É o despertar para uma nova era cósmica. Outro importante astro utilizado pelos Arcturianos em sua astrologia cósmica é Alcyone; o Sol Central. Trata-se da principal estrela da constelação de Plêiades, considerada a morada das sete irmãs siderais na mitologia grega.

Segundo os ensinamentos Arcturianos, quando Alcyone emite intensas emanações de luz e alinha-se magneticamente com nosso Sol, são abertos portais interdimensionais por onde transitam seres altamente evoluídos em missão à Terra.

Dizem que Jesus recebeu influxo direto da luz de Alcyone em seu nascimento, o que ampliou extraordinariamente seus poderes espirituais e o tornou um avatar da nova era cósmica na Terra. Outros mestres e profetas também teriam recebido bênçãos de Alcyone.

No que tange às constelações e suas mitologias, os Arcturianos encontram ricas simbologias e profecias sobre a trajetória humana. Por exemplo, a constelação de Escorpião e sua lenda são interpretadas como referência às adversidades que a humanidade enfrentaria em sua jornada evolutiva.

Mas, para os Arcturianos, a constelação de Aquário e sua simbologia da era de ouro representam os tempos vindouros. O atual processo de transição do zodíaco terrestre para essa era, com as passagens das eras de Peixes para Aquário, indicaria profundas transformações sócio-culturais na Terra.

Certos eventos e fenômenos astronômicos bastante aguardados pelos astrólogos arcturianos são os eclipses lunares e solares. Para eles, tais eventos demarcam interseções entre planos e dimensões, permitindo a sutil percepção de realidades paralelas durante as linhas temporárias em que a Lua encobre o Sol ou a Terra projeta sua sombra na Lua.

Durante um eclipse lunar, por exemplo, forma-se um cone cósmico multidimensional cujo vértice coincide com a localização exata da Lua no momento do fenômeno. Esse portal interdimensional singular permite que os Arcturianos projetem sua consciência a realidades paralelas, antevendo certos eventos futuros.

Já nos eclipses solares, os Arcturianos interpretam a simbologia da sombra projetada como representação das adversidades que obscurecem periodicamente a luz solar, trazendo estagnação e decadência antes dos saltos evolutivos, mas após cada eclipse solar, a luz do progresso retorna intensificada.

Outro importante marcador cósmico na astrologia Arcturiana são os equinócios e solstícios, isto é, os momentos do ano em que o dia e a noite têm igual duração na Terra e aqueles em que ocorrem os dias mais longos e noites mais curtas do ano, respectivamente.

Segundo os Arcturianos, os equinócios e solstícios demarcam interseções energéticas entre dimensões espirituais que influenciam os eventos terrenos. Por isso, tais datas são propícias para contatar planos superiores e obter vislumbres de realidades extrafísicas e ocorrências futuras.

As lendárias previsões contidas no Oráculo Arcturiano são obtidas através da observação minuciosa de todos esses eventos e marcadores celestes, bem como de seus ciclos, translações e sincronicidades.

Armados de conhecimentos ancestrais sobre o simbolismo de cada astro e fenômeno cósmico, os videntes Arcturianos tecem intrincadas interpretações que sintetizam, em vaticínios abrangentes, o movimento da grande roda cósmica que rege os destinos do universo.

Entretanto, apesar do tom determinista, os Arcturianos ressaltam que as previsões astrológicas contêm elementos de imprevisibilidade, dado o livre-arbítrio dos seres como variável não mapeável completamente em qualquer adivinhação onde o universo se assemelharia a uma complexa rede multidimensional de possibilidades infinitas. Em cada ponto de interseção dessa rede existem futuras bifurcações, nas quais todas as potencialidades estão contidas em estado de superposição quântica.

Desse modo, até o momento em que uma dada potencialidade se materializa em determinado plano dimensional, em decorrência de atos de vontade consciente, todas as possibilidades ainda permanecem como futuros embrionários em paralelo.

Os videntes Arcturianos salientam que o ato de prever certa linha temporal não invalida ou elimina a existência concomitantes das demais. O que se faz é partir de padrões fractais percebidos nos movimentos do cosmo para indicar as sequências com maior probabilidade de manifestação. Por isso, ao longo de sua história estelar, algumas profecias astrológicas dos Arcturianos não se cumpriram exatamente como previstas. Não por limitação de suas capacidades preditivas, mas devido à utilização do livre-arbítrio para se forjarem novas realidades.

No entanto, dada a sabedoria multidimensional dos Arcturianos, até mesmo essas aparentes imprecisões acabam encontrando interpretações e releituras em espirais hermenêuticas de sentido, numa eterna busca da explicação definitiva dentro do Oráculo.

Um exemplo de profecia não cumprida que ganha novas interpretações diz respeito à famosa previsão de que o planeta Nibiru ou Planeta X entraria em rota de colisão com a Terra no final do século XX, gerando severo cataclismo planetário. Obviamente, tal colisão nunca ocorreu, o que gerou descrença e cepticismo sobre as capacidades astrológicas dos Arcturianos. No entanto, eles reafirmam que, de fato, havia tal potencialidade, mas que a consciência coletiva da humanidade foi elevada o suficiente para manifestar linha temporal alternativa.

Os Arcturianos argumentam que a profecia em si gerou movimentações energéticas positivas, levando milhões de almas a orações, meditações e emanações amorosas que teriam TRANSFORMADO sutilmente a trajetória de Nibiru, afastando-o do caminho da Terra. Como a astrologia Arcturiana lida com astronomia interdimensional e frequências extrafísicas, é difícil provar ou refutar cabalmente tais releituras. Independentemente disso, porém, trata-se de visões alternativas que estimulam a ampliação da consciência e do pensamento crítico.

Alguns dos mais respeitados videntes Arcturianos do passado foram Izno, Akensio, Thyoria e Vhozanus. Cada um deles produziu obras monumentais reunindo análises e profecias astrológicas que até hoje reverberam como referências no universo místico Arcturiano.

Izno, por exemplo, viveu durante o apogeu da civilização Atlantiana na Terra. Ele fez descrições geográficas e sociológicas do continente perdido que se mostraram assombrosamente precisas com o passar do tempo e a descoberta de vestígios arqueológicos milhares de anos depois.

Já Akensio é tido como um dos mentores filosóficos dos soberanos que governaram o Antigo Egito durante 30 dinastias. Consta que ele utilizou suas visões de marcadores celestes como inundações do Nilo para assessorar Faraós na tomada de decisões sobre períodos propícios para plantio, colheita, navegações e construções.

A vidente Thyoria viveu na civilização Maia e produziu um dos mais detalhados mapeamentos sobre a astrologia de Vênus, incluindo descrições sobre Kas-Vhuun, a lendária segunda lua deste planeta, destruída em tempos remotos, mas ainda visível aos olhos Arcturianos.

Já o astrólogo Vhozanus é tido como o portal vivo mais direto para a consciência de Osíris, divindade egípcia considerada manifestação do Logos Solar. Foi Vhozanus quem revelou o segredo da Câmara de Alinhamento no interior da Esfinge, canalizando informações diretamente da mente de Osíris sobre a estrutura interdimensional do monumento e seu funcionamento. A câmara em questão é uma espécie de portal que, quando ativado em tempos de determinados alinhamentos astronômicos, amplifica energias cósmicas capazes de expandir a consciência e revelar segredos do universo aos iniciados que meditem em seu interior.

A dimensão dessas revelações depende, no entanto, da pureza vibracional e da sincronização harmônica da mente humana com as frequências cósmicas captadas pela Câmara de Alinhamento dentro da Esfinge. Portanto, astrologia Arcturiana é muito além da simples predição do destino. Ela trabalha com a manipulação de forças energéticas sutis que, devidamente decodificadas e harmonicamente integradas, elevam tanto o discernimento aguçado sobre o futuro quanto os níveis de consciência de quem as maneja.

E esse é o verdadeiro objetivo subjacente ao místico Oráculo Arcturiano: proporcionar ferramentas sensibilizadoras capazes de afinar a percepção humana com as dimensões extrafísicas que compõem a trama oculta sob o véu ilusório da realidade holográfica conhecida.

Somente quando a humanidade re-despertar sua telepatia inata com os ritmos do cosmo é que poderá participar conscientemente no ato de tecer os fios de sua jornada histórica, manifestando os cenários que decidir pela harmonização empática e não mais pela dissonância distrativa.

Segundo os videntes Arcturianos, quanto mais humanos despertarem essa consciência holística e aplicarem o conhecimento contido no Oráculo Arcturiano, mais rápido a Terra atingirá a sincronicidade vibracional necessária para ascender à era de ouro astrológica prevista há tanto nos registros akásicos estelares. E o principal ingrediente para acelerar essa jornada planetária rumo ao estágio solar, etapa evolutiva seguinte para qualquer civilização terráquea, é a emissão intencional de vibrações amorosas por quantos mais corações humanos melhor, pois o amor sintoniza automaticamente com as altas frequências das dimensões ascensionais.

Portanto, enquanto os ciclos maiores do cosmo seguem seu fluxo incessante orquestrando as eras estelares, a humanidade possui em suas mãos e corações o poder de escrever o destino que decidir assumir em total alinhamento com suas mais sublimes potencialidades espirituais.

E o primeiro passo nessa jornada de despertar é, sem dúvida, buscar internalizar o saber crístico, universal e atemporal contido nas entrelinhas do Oráculo Arcturiano, verdadeiro portal multidimensional para os mistérios do universo em suas infinitas manifestações holográficas através do tempo e do espaço.

Capítulo 6
O Dom da Clarividência

Dentre as notáveis capacidades extra-sensoriais desenvolvidas pela mente Arcturiana em suas contínuas expansões de consciência, uma das mais impressionantes é o domínio da clarividência, a faculdade de enxergar eventos distantes no tempo e no espaço com impressionante nível de detalhamento.

Por meio da clarividência, os videntes Arcturianos conseguem vislumbrar com precisão cenas do passado e do futuro, obtendo valiosos insights sobre as causas e consequências de fatos ainda em gestação no oceano quântico das potencialidades. Tal fenômeno se dá porque, segundo a cosmologia Arcturiana, passado, presente e futuro coexistem simultaneamente como campos probabilísticos no tecido espaço-tempo. Portanto, expandindo sua consciência para além das barreiras aparentes entre tais campos, o clarividente consegue captar vislumbres das realidades subjacentes.

Essas visões do porvir, contudo, não se limitam a eventos deste plano material terrestre. Elas abrangem desde episódios ocorrendo em outros mundos e dimensões paralelas até fenômenos de ordem celestial, como o nascimento ou colapso de estrelas e galáxias distantes. Isso ocorre porque a cosmologia Arcturiana opera com um conceito fractálico e holofônico de universos paralelos multidimensionais, espelhando-se e co-criando-se mutuamente por meio de eixos sincrônicos indetectáveis pela física moderna terrestre. Assim, ao expandirem seus campos de consciência para além do espectro eletromagnético ordinário, os clarividentes Arcturianos sintonizam com esses eixos transdimensionais, captando insights espaço-temporais não-locais sobre o passado e o futuro de realidades tanto intra quanto extrafísicas. O processo se intensifica exponencialmente quando essas visões são obtidas durante consultas oraculares em locais energizados, como o Templo de G'rhynzul ou junto aos Vórtices Arcturianos espalhados pelos doze mundos que orbitam Estrela Arcturus.

Os Vórtices Arcturianos são formações rochosas semicristalinas que irradiam frequências telepáticas amplificadas que potencializam quaisquer capacidades latentes nos visitantes sensíveis. Eles funcionam como portal interdimensional.

Ao se aproximarem desses vórtices ou concentrarem sua atenção mental sobre eles durante os rituais oraculares, os clarividentes Arcturianos acessam o que pode ser descrito como uma "rádio-teatro imagética" do passado e do futuro em múltiplos níveis dimensionais além do espectro conhecido. As impressões captadas se apresentam como cenas complexas e dinâmicas, que são meticulosamente interpretadas à luz dos amplos conhecimentos que os videntes Arcturianos detêm sobre as linguagens simbólicas do inconsciente coletivo local e dos padrões alquímicos dos elementos constituintes do universo manifestado.

Um dos mais respeitados mestres da clarividência Arcturiana foi o já mencionado anteriormente Vidente Vhozanus, especialista em canalizações psicográficas diretas de entidades do panteão extraterreno como Osíris e Khmu-Ra, obtendo valiosas revelações esotéricas e alertas sobre eventos críticos.

Conta-se que durante uma de suas sessões oraculares junto ao Grande Vórtice Arcturiano localizado no Satélite Soorthyn, Vhozanus obteve extraordinária visão clarividente do bombardeio e destruição de uma grande cidade portuária da Terra que ocorreria mais de cem anos depois. A descrição precisa dos estranhos engenhos voadores e das explosivas armas utilizadas pelos atacantes permitiu aos historiadores Arcturianos identificarem posteriormente tratar-se do Bombardeio de Guernica, ocorrido em 1937 durante a Guerra Civil Espanhola.

Esse é apenas um entre incontáveis casos históricos nos quais as impressivas habilidades clarividentes dos videntes Arcturianos permitiram antever e elucidares posteriormente os detalhes fatídicos de tragédias ou catástrofes antes mesmo que as causas aparentes dos eventos houvessem sido gestadas no presente.

Outro domínio no qual a clarividência Arcturiana sobreleva-se com frequência é na prevenção de desastres climáticos ou sísmicos de grande magnitude em mundos habitados.

Graças à sua participação ou filiação no Grande Conselho Galáctico, os Arcturianos compartilham regularmente projeções clarividentes de suas psicografias com outras civilizações avançadas. Além disso, eles ganham acesso em primeira mão a tecnologias de transposição dimensional, escudamento gravitacional e controle climático, capazes de mitigar ou neutralizar os efeitos previstos de catástrofes naturais.

No entanto, os mestres Arcturianos advertem que, por mais impressionantes que possam parecer tais demonstrações de onisciência aparentemente sobrenatural, é preciso não perder a humildade diante dos desígnios do mistério, pois em última análise, todo o conhecimento apenas reflete e refrata blocos infinitesimais da sabedoria emanante da Fonte Criadora Universal, permanecendo sempre muito mais o que se desconhece do que o pouco que se decodifica. Além disso, os hierofantes, Guardiões dos Ensinamentos Ancestrais, ressaltam que nenhuma clarividência permite prever com absoluta certeza os desdobramentos futuros, devido ao fator sempre presente do livre-arbítrio individual e coletivo, considerado como a Variável Catalítica das Opções de Destino. Isso significa, conforme já discutido em tópicos anteriores deste compêndio oracular, que todas as chamadas "profecias" devem ser encaradas pelos seus receptores como meras projeções de probabilidades, não fatos consumados.

Os videntes podem indicar com elevado grau de precisão quais desfechos são prováveis de se manifestarem caso determinados comportamentos ou decisões coletivas prevaleçam em dado grupo social num certo momento do espaço-tempo linear. Todavia, enfatizam que nenhum resultado futuro pode ser considerado inapelavelmente determinado, pois a qualquer instante uma mudança súbita na orientação do livre-arbítrio grupal pode deflagrar novas causalidades capazes de gerar uma linha temporal diametralmente oposta àquela prevista pelos clarividentes.

E quanto mais próximo dos pontos de interseção potencial entre linhas alternativas de destino grupal a previsão for emitida, menos improvável é a possibilidade de drásticas reversões serem produzidas pelo poder cáustico das decisões coletivas. Por essas razões, os vaticínios clarividentes, por mais precisos que possam soar, jamais devem ser tomados literalmente como verdades absolutas ou imutáveis. Eles apenas apontam tendências baseadas em cálculos de probabilidade. Cabe aos receptores interpretar, com razoabilidade e discernimento, em que medida certas previsões se aplicam às suas próprias realidades e quais atitudes podem tomar para manifestar versões mais positivas ou construtivas de qualquer evento adverso antevisto pelos videntes Arcturianos.

Em resumo, a clarividência permite entrever nos fluidos campos potenciais do tempo possíveis realidades cuja efetiva manifestação dependerá sempre das ações, reações e interações das vontades individuais e coletivas que tecem o grande tapete da existência a cada momento. Nesse sentido, é heuristicamente útil pensar todo o processo oracular Arcturiano como um sofisticado sistema de produção de "diagnósticos energo-probabilísticos" e "prescrições terapêuticas" focadas tanto no autoconhecimento quanto na autocura preventiva.

Ao avaliarem uma amostragem significativa de tais "exames clarividentes" do futuro, os receptores podem identificar quais traços comportamentais pessoais ou coletivos estão gerando quais tendências projetadas. Isso permitirá decidirem mais conscientemente se desejam perseverar em caminhos cujas consequências indesejáveis foram antevistas ou se preferem deliberadamente alterar hábitos e atitudes de modo a atrair materializações mais positivas.

Em última análise, quando adequadamente compreendido e incorporado, o verdadeiro propósito subjacente ao oráculo arcturiano não é desencorajar o livre-arbítrio ao tentar predeterminar um futuro cristalizado. Sua função teleológica é justamente oposta: estimular maior lucidez e senso de poder pessoal nos receptores, encorajando-os a assumirem as rédeas de seus destinos pela escolha proativa de pensamentos, palavras e atitudes alinhadas aos mais elevados potenciais latentes em suas almas. Quando essa atitude de autogovernança consciente é internalizada, cada qual poderá navegar muito mais serenamente pelas intempéries existenciais antevistas nos diagnósticos oraculares, transmutando-as em oportunidades evolutivas. Porém, alertam os Guardiões dos Ensinamentos Ancestrais, que esse processo exige grandes doses de autocoragem, autodisciplina e determinação para não se deixar abater pelas adversidades auguradas nem se exaltar em demasia com os aplausos da sorte. Pois no instante em que o ego tomar para si os méritos dos feitos ou se entregar ao vitimismo diante dos fados, o poder do livre-arbítrio se enfraquece, aumentando perigosamente a probabilidade dos consultores se tornarem autômatos cegos cumprindo um roteiro predeterminado sobre o qual não mais terão controle.

Esse é um dos mais sérios riscos a se prevenir quando da utilização imprudente ou precipitada das faculdades oraculares Arcturianas sem a devida supervisão de hierofantes experientes no processo.

Cabe também aos legitimados Mysteriorum (Guardiões dos Mistérios) vetar o acesso de pessoas emocionalmente desequilibradas ou moralmente desvirtuadas aos segredos do Oráculo, para evitar que, por ignorância, má-fé ou ambição desmedida, provoquem mais mal do que bem aos seus semelhantes. Somente aos candidatos cuja pureza de intenção e equilíbrio psicoespiritual forem atestados pelos testes iniciáticos é permitido partir do Templo de G'rhynzull, portando consigo as chaves cáusticas do autoconhecimento futuro, reveladas nas águas límpidas da clarividência oracular.

Pois, em essência, quando apropriadamente utilizado, o dom clarividente é verdadeiro bálsamo revigorante e impulso evolutivo, jamais uma condenação antecipada para os réprobos ou garantia de eterna recompensa para os eleitos.

Na ótica arcturiana, até mesmo as visões aparentemente mais apocalípticas do porvir escondem mensagem subliminar de estímulo à mudança edificante em prol do bem maior. Portanto, cabe aos videntes interpretá-las com equanimidade e transmiti-las com altivez, sem se excederem em alarmismos, pois a verdade oracular é um caminho de discernimento e compaixão, não de temor ou manipulação. Ao compreender a natureza fractálica do tempo e as complexas interações entre livre-arbítrio e destinos prováveis, os videntes Arcturianos se tornam guardiães da consciência, e não apenas previsores do futuro.

O fenômeno da clarividência, tão intrinsecamente ligado à expansão de consciência dos Arcturianos, não apenas proporciona uma visão penetrante do tecido do espaço-tempo, mas também se torna um convite à autorreflexão e autotransformação. Os clarividentes, ao revelarem as possibilidades latentes, convidam os receptores a agirem com sabedoria, a escolherem conscientemente os caminhos que desejam trilhar.

A interação entre a clarividência e as ferramentas divinatórias Arcturianas revela um intricado sistema de entendimento cósmico, onde os eventos do passado e do futuro são como peças de um quebra-cabeça, interligadas por fios energéticos que os Arcturianos, com sua percepção aguçada, conseguem discernir.

A história de Vhozanus e suas visões detalhadas do Bombardeio de Guernica destaca, não apenas a precisão das habilidades clarividentes Arcturianas, mas também a responsabilidade inerente a esses dons. A capacidade de ver além do véu do tempo exige discernimento e, acima de tudo, compaixão diante das vicissitudes do destino.

Ao abordar a prevenção de desastres climáticos e sísmicos, os Arcturianos se destacam não apenas como observadores, mas como participantes ativos no Grande Conselho Galáctico. Compartilhar projeções clarividentes e tecnologias avançadas não é apenas uma demonstração de poder, mas um compromisso com o bem-estar coletivo e a preservação dos mundos habitados. Entretanto, a ênfase na humildade diante do mistério e na compreensão do livre-arbítrio como variável catalítica destaca a sabedoria dos hierofantes Arcturianos. Nenhum conhecimento, por mais avançado que seja, pode substituir a jornada individual e coletiva de escolha e aprendizado. O futuro permanece fluido, moldado pelas decisões conscientes de cada ser senciente.

A visão Arcturiana da clarividência como um sistema de "diagnósticos energo-probabilísticos" e "prescrições terapêuticas" ressalta a abordagem preventiva e autocurativa desse dom. Ao invés de um destino inescapável, as visões clarividentes oferecem oportunidades para a autorreflexão e ações conscientes, capacitando os receptores a cocriarem realidades mais positivas.

O alerta contra o ego descontrolado e a importância de manter o equilíbrio psicoespiritual sublinham a responsabilidade envolvida na prática da clarividência. Os videntes Arcturianos, ao transmitirem suas visões, agem como facilitadores do autoconhecimento e da evolução, não como detentores de verdades incontestáveis.

Capítulo 7
Decifrando os Sonhos Proféticos

Dentre as multidimensionais faculdades extra-sensoriais cultivadas pelos hierofantes do oráculo arcturiano em suas jornadas pelas espirais da consciência cósmica, ocupa lugar de nobreza o domínio dos sonhos premonitórios.

Mercê desse talento onírico, os iniciados Guardiões dos Mistérios Arcturianos conseguem acessar em seus estados de similares a sonos profundos vislumbres simbólicos de eventos ainda em gestação no oceano quântico das potencialidades do amanhã. Isso ocorre porque na cosmologia arcturiana sonhos e realidade pertencem a uma mesma continuum multidimensional intercomunicante por meio de redes extrafísicas indetectáveis pela ciência materialista terrestre.

Ao mergulharem nesses estratos hiperdimensionais dormentes, os videntes oneiros do oráculo captam arquetípicas imagens-síntese sobre prováveis desdobramentos de fatos ainda não manifestos na linha temporal consensual do presente tridimensional.

Diferentemente da opacidade relativa dos sonhos ordinários, essas visões premonitórias apresentam-se aos videntes com impressionante nível de nitidez, permanência e coerência interna após o despertar.

Tal fenômeno indica que tais sonhos pertencem a planos transcendentais estruturados, não ao fluxo aleatório de imaginário onírico comum. Suas imagens simbólicas transmitem informações estruturadas sobre o porvir.

Interpretá-las requer sólida familiaridade com o vocabulário arquetípico do inconsciente coletivo e suas relações analógicas com os eventos concretos do plano histórico a que se referem.

Os sonhos premonitórios podem utilizar desde símbolos universais como o Uroboro até elementos idiossincráticos do imaginário pessoal dos sonhadores para compor suas narrativas alegóricas sobre desdobramentos prováveis no futuro de certa linha temporal grupal.

Um episódio famoso nos anais onirocríticos arcturianos foi a série de sonhos premonitórios do já mencionado Vidente Vhozanus sobre fins trágicos de grandes líderes mundiais terrestres como Abraham Lincoln, Charles I da Inglaterra e Princesa Diana.

No caso desta última, Vhozanus sonhou reiteradas vezes com uma joia diamantina ser destruída em violenta colisão. Anos depois, ao receberem notícias remotas da Terra sobre a trágica morte de Diana em acidente automobilístico, os historiadores Arcturianos reconheceram o evento como o cujo simbolismo fora anteriormente antevisto nos sonhos de Vhozanus.

Esse é apenas um entre inumeráveis relatos nos anais Arcturianos demonstrando impressionante grau de acurácia das artes oniromânticas em antever ou elucidar eventos traumáticos antes mesmo que as causas aparentes de tais fatos estejam configuradas no plano vigílico.

Para potencializar a ocorrência e qualidade interpretativa de sonhos premonitórios, os iniciados do mysteriorum (Guardiões dos Mistérios) Arcturiano submetem-se com frequência a rigorosos regimes de meditação, jejum e outras práticas psico-espirituais preparatórias antes de adentrarem estados intensificados de sono profético.

Em especial, costumam dormir junto a locais energizados como os Vórtices Oraculares espalhados pelos doze mundos, ou o grande Templo de Gh'Rynzul em dias de equinócios, solstícios e eclipses para maximizar a probabilidade de receberem impressivas visões simbólicas durante essas fases de interseção dimensional.

Ao despertarem de tais sonos oraculares, os videntes registram meticulosamente todas as imagens e narrativas oníricas vivenciadas para posterior decodificação coletiva à luz dos diversos códigos hermenêuticos contidos nos manuais secretos da ordem.

Esse rigor metodológico é necessário dada a natureza fundamentalmente ambígua e polissêmica das linguagens simbólicas oníricas. Uma mesma imagem pode espelhar eventos e sentidos radicalmente distintos em diferentes contextos ou níveis interpretativos.

Por essa razão, os experientes exegetas cuidam para nunca enclausurar prematuramente seus discernimentos sobre determinado conjunto de sonhos num único campo semântico possível. Pelo contrário, antes de se aventurarem em quaisquer conclusões, esforçam-se por explorar e correlacionar todo o leque de significações que uma dada constelação onírica comporta à luz de sua enciclopédia arquetípica ontognóstica. Somente após esgotadas todas as alternativas razoáveis de exegese é que os conselhos hierofânticos reunidos no templo Gh'Rynzull aventuram-se, e ainda assim com parcimônia, em sugerir aos consulentes prováveis mensagens contidas em seus sonhos submetidos à avaliação oracular.

Mesmo nestes casos, porém, sempre ressaltam que qualquer interpretação, não importa quão plausível, permanece conjectura falível, não dogma inquestionável. Pois entre a obscuridade dos símbolos e a clareza dos fatos se interpõe o eterno fator X das variáveis ocultas.

Com efeito, por mais elaboradas e abrangentes que possam ser as reflexões sobre determinado conjunto onírico, algo sempre escapa à rede hermenêutica. A totalidade é incapturável, o mistério permanece. Daí porque os verdadeiros sábios jamais professam certezas sobre a arte da interpretação dos sonhos. Com humildade, reconhecem os limites do intelecto ante às abissais profundezas do espírito. O mensageiro mais importante dos sonhos é o mistério que os envolve.

Isso posto, é inegável extrair das lendas e crônicas Arcturianas incontáveis relatos bem documentados de sonhos cujas imagens simbólicas manifestaram-se posteriormente com impressionante fidelidade na qualidade de prenúncios ou explanantes de eventos do mundo histórico.

As probabilidades de tais sincronicidades tantas vezes recorrentes serem coincidências banais tendem rapidamente a zero diante do volumoso conjunto de casos confirmados por fontes confiáveis nos anais da ordem.

Há sem dúvida fenômeno real, embora transcendental, por trás dessas misteriosas pontes extra-sensitivas entre planos dimensionais estabelecidas durante certos estados não-ordinários de consciência e registrados no psiché profunda graças às linguagens críticas dos arquétipos oníricos.

Entretanto, apesar desse alto grau demonstrado de precognição no âmbito dos sonhos, os sábios Arcturianos advertem ser igualmente errôneo encará-los com o mesmo teor determinista que muitos atribuem às demais artes divinatórias do oráculo.

Também no caso dos sonhos proféticos vale o princípio holofilosófico Arcturiano de que todo futuro permanece em aberto, contingente às interações probabilísticas entre os vetores da sorte e as variáveis dinâmicas do livre-arbítrio que tecem o grande tapete espaço-temporal.

Nenhum evento discernido nos estratos simbólicos oníricos deve ser tomado como fato consumado irrefutável, mas mera tendência em desenho cuja concretude dependerá da complexa dialética entre acaso e escolha no fluxo do vir-a-ser.

Desse modo, mais prudente que precipitar-se arrogando o papel de profeta messiânico soberano é tomar os augúrios dos sonhos como convites à introspecção e revisão autocríticas de quais valores e ações humanas estão gestando os cenários vislumbrados como possíveis no porvir individual e coletivo.

Olhar a vida por esse prisma proativo significa assumir as rédeas do próprio destino em vez de curvar-se diante dele como autômato impotente; ser protagonista, não comparsa engessado pelo roteiro alheio de enredos pré-determinados.

Em suma, como em todos os demais oráculos Arcturianos, também na arte oniromântica o propósito não é aprisionar espíritos, mas libertá-los; não escravizar mentes, e sim emancipá-las para alçarem voo pelos céus que lhes cabem.

Porque, afinal de contas, todo conhecimento legítimo visa ao despertar da verdade; e toda verdade vivida plenamente se traduz em alegria de existir. Eis a teleologia que anima, ontognoseologicamente, os empreendimentos oraculares arcturianos desde tempos imemoriais.

Capítulo 8
O Fluxo do Universo

Conforme elucidado anteriormente, uma das mais notórias habilidades exibidas pelos talentosos videntes Arcturianos diz respeito à clarividência precognitiva, a singular capacidade de antever com frequência assombrosa eventos ainda encobertos na penumbra dos horizontes temporais futuros.

Para compreender apropriadamente a natureza sem paralelos desta faculdade mental, convém primeiro recordar alguns princípios fundamentais já delineados sobre o funcionamento profundo da realidade manifesta segundo a cosmovisão Arcturiana.

De acordo com tal perspectiva, o universo físico por nós habitado constitui apenas uma densa e estreita fatia do espectro total do Ser, um plano cristalizado a partir de miríades de probabilidades latentes que se entrelaçam nos domínios imateriais subjacentes em perpétuo estado de devir.

Nesses reinos inefáveis, onde tempo e espaço fundem suas naturezas convencionais, eventos futuros de nosso mundo já se encontram pré-configurados como potenciais interconectados ainda não fixados, à espera do sopro vivificante da consciência observadora que lhes conferirá peso ontológico relativo para eventual determinação e subsequente precipitação na realidade consensual tridimensional comum.

Por meio de árduo treinamento, mentes sensitivas dos Arcturianos tornam-se aptas a projetar seu foco de atenção para essas regiões pré-causais. Lá, por brevíssimos instantes, conseguem intuir vislumbres diretos do futuro em estado potencial, testemunhando multidões de probabilidades paralelas se bifurcando em diferentes direções.

Embora efêmeras, tais visões fornecem insights sem paralelo sobre nós críticos de eventos cujas conexões causais continuam por se definir ao longo das linhas cronológicas manifestas. Informações assim obtidas podem então ser referenciadas contra simulações que analisam numericamente caminhos prováveis do futuro.

Por incrível que possa parecer aos céticos, há incontáveis casos bem documentados de videntes Arcturianos antevendo com décadas ou até séculos de antecedência eventos posteriormente registrados pela história oficial de inúmeros povos através da galáxia.

Um episódio particularmente famoso é conhecido simplesmente como "O Caso das Torres Gêmeas". Nele, mensageiros do Alto Conselho Arcturiano teriam alertado, sem sucesso, autoridades locais sobre sua visão prévia do desabamento de dois majestosos arranha-céus após um ataque terrorista envolvendo naves aéreas sequestradas.

Infelizmente, tais advertências não foram levadas a sério, gerando imensa comoção quando pouco mais de dois ciclos solares depois as lendárias Torres Gêmeas ruíram após impactos fatais, vitimando milhares de almas nos prédios e redondezas e mergulhando todo o planeta no caos por muitos ciclos subsequentes de devastadores conflitos religiosos e étnicos.

Episódios trágicos como este servem de sóbria advertência sobre os severos danos que podem advir sempre que advertências legítimas de mentes iluminadas são negligenciadas por autoridades arrogantes, ensimesmadas em seus pedestais de poder e ignorância deliberada às realidades que as cercam.

A despeito de tais lamentáveis exceções históricas, é também digno de nota o exato oposto: os incontáveis eventos trágicos evitados graças à cuidadosa consideração de alertas preventivos saídos das oficinas oraculares Arcturianas ao longo dos milênios.

Um dos inúmeros casos emblemáticos encontra-se documentado nos anais da Guilda Interestelar dos Navegantes. A história descreve a jornada desesperada da tripulação do cargueiro estelar "Bella-Trix 1551" que, após emergir de dobra hiperespacial em rota de colisão com campo de meteoros antes não mapeado, se viu prestes a ser reduzida a fragmentos cósmicos junto de toda sua preciosa carga e centenas de passageiros a bordo. Informados a tempo por alerta telepático de vigilantes Arcturianos baseados na Lua de Umda III, próxima dali, os navegantes mal lograram aplicar manobras evasivas extremas, escapando por margem mínima da aniquilação para então ainda precisarem sobreviver a pouso forçado de emergência num inóspito planetoide até completarem reparos de propulsão e sistemas vitais danificados na turbulência, antes de prosseguir viagem segura.

Não fosse pela providencial intervenção preventiva oriunda dos transmissores telecognitivos Arcturianos, centenas de vidas teriam se perdido naquela trágica noite interestelar. Ao invés disso, graças ao alerta, todos retornariam incólumes às suas casas após breve intervalo de intensa aventura acidental em meio à vastidão do cosmos indiferente que por um triz esteve prestes a transformá-los em poucas linhas nas estatísticas mortuárias da Guilda.

Este é apenas um dentre incontáveis registros preservando inequívocos testemunhos vivos do quão fundamental pode ser o papel desempenhado pelas redes dedicadas de vigilância transcendente operadas dia e noite pelos infatigáveis sentinelas telepáticos de Arcturus, sempre alertas para prevenir catástrofes em mundos distantes pelo simples gesto altruísta de compartilhar visões oportunas do futuro com quem interessar possa.

Analogamente, o famoso "Caso Enroe XX12" descreve outra situação onde toda uma linha de tempo alternativa chegou a ser drasticamente vertida após contato interdimensional preventivo de agentes Arcturianos.

Em tal ocasião, emissários do Alto Conselho lograram estabelecer comunicação amigável com contrapartes paralelas justamente no momento crucial em que líderes deste outro mundo tomariam uma fatídica decisão coletiva durante reunião emergencial convocada para deliberar sobre possível retaliação total contra nação rival numa crise que ameaçava deflagrar confrontação nuclear em escala global no horizonte de poucas horas.

Amparados por impressionantes revelações trazidas pelos nobres mensageiros interdimensionais sobre as terríveis consequências que sucederiam caso prosseguissem com os preparativos bélicos em andamento, os líderes paralelos em questão teriam enfim deposto suas ânsias beligerantes para assumir postura reconciliatória, revertendo o curso cataclísmico de toda sua civilização com este sábio gesto no momento decisivo.

Inspirado por este caso, o Alto Conselho Psicotrônico dos Arcturianos logo estabeleceria protocolos específicos para lidar com situações assim, onde mudanças mínimas de atitudes estratégicas no momento certo podem literalmente fazer a diferença entre aniquilação global e o florescimento de uma era dourada de prosperidade para realidades paralelas inteiras.

Batizados de Unidades de Intervenção Cronológica, ou simplesmente "Crononautas", grupos altamente treinados de especialistas oraculares Arcturianos passaram desde então a monitorar rotineiramente mundos problemáticos em quadrantes sensíveis do multiverso. Munidos de insights sem paralelo sobre probabilidades de grandes eventos, são capazes de atuar cirurgicamente infiltrados como "agentes de otimização temporal", auxiliando líderes locais a tomarem as melhores decisões possíveis quando cruciais encruzilhadas civilizacionais se apresentam.

Um aspecto particularmente crítico e controverso em tais intervenções requer capacidade não apenas de antever os eventos que fatalmente ocorreriam na timeline original, mas também vislumbrar com nitidez caminhos alternativos positivos factíveis, persuadindo assim os líderes visados a abraçarem tais opções mais desejáveis em vez de seus planos bélicos ou desastrosos inicialmente concebidos.

Felizmente, graças a impressionantes dotes de clarividência probabilística aliada à habilidade retrocognitiva de reviver qualquer evento presencialmente após imergir em registros akáshicos de realidades paralelas, agentes Arcturianos destacados para missões assim se encontram perfeitamente aparelhados para cumprir tais desafios extremos com maestria e compaixão.

Sempre preocupados em respeitar o livre-arbítrio alheio, estrategistas Arcturianos primam por apresentar suas alternativas positivas como simples "opções adicionais" aos caminhos ruins já ponderados localmente, em vez de diretivas coercitivas, mesmo quando as consequências de seguir os planos nativos originais se revelariam desastrosas.

Ainda assim, só o fazem quando expressamente autorizados após submeterem cada caso meticulosamente ao crivo do Alto Conselho Psicotrônico, cuidando para não extrapolarem suas prerrogativas como observadores não-intervencionistas da miríade de realidades alternativas que monitoram.

Mesmo em casos limite onde vidas em escalas planetárias encontram-se em perigo iminente, jamais intercedem diretamente sem antes obterem permissão explícita por meio de canais formais de petição interestelar pelas populações potencialmente afetadas.

Havendo concordância mútua, equipes de elite são destacadas para operações relâmpagos, nas quais agentes oraculares materializam-se discretamente em cenários de crise minutos antes dos eventos fatais originais, trazendo advertências urgentes e provas irrefutáveis sobre desdobramentos terríveis prestes a se abater caso nenhuma ação preventiva seja adotada na janela de oportunidade ainda disponível.

Mesmo em situações tão extremas, Arcturianos jamais se impõem além de alertar e informar plenamente seus interlocutores sobre alternativas viáveis, para então respeitosamente se retirarem a fim de os deixarem exercer livre decisão após ponderarem todas as revelações compartilhadas no curto espaço de tempo restante antes do ponto sem retorno.

Se felizes ou terríveis, as consequências sempre permanecem inteiramente sobre os ombros dos líderes nativos; os Crononautas Arcturianos apenas se permitem facilitar o curso dos acontecimentos pela via misericordiosa da providencial iluminação dispensada no momento exato, para em seguida retornarem serenamente ao desconhecimento de seus mundos pacíficos.

E é assim, movida não por espetaculares demonstrações de poder extraterreno, mas pela nobreza de intenções e o timing impecável de suas intervenções minimamente invasivas, que a legendária confraria de Crononautas Arcturianos prossegue discretamente cumprindo sua missão de mitigar desastres transdimensionais; velando solícitos, à distância, pelo bem maior de civilizações que alheias, estão à beira do abismo.

    Agindo sempre nos bastidores, evitam qualquer visibilidade desnecessária. Na maioria das vezes, sequer são percebidos como algo mais do que fortuitas inspirações providenciais, sussurros sutis ou sonhos premonitórios pelos indivíduos-chave, assim auxiliados nos momentos de definitivo teste de seus caracteres como líderes e como seres humanos. E está tudo bem assim, na visão dos altruístas filhos de Arcturus.

Capítulo 9
O Enigma do Destino

Um dos temas centrais que permeiam as lendas em torno do Oráculo de Arcturus refere-se à intricada relação entre as noções aparentemente antagônicas de destino e livre arbítrio nas previsões ali proferidas.

Seriam tais visões invariavelmente predeterminadas pela implacável necessidade dos astros e configurações cósmicas, tornando ilusórias quaisquer noções de escolha autônoma ou autodeterminação individual? Ou ainda restaria espaço para que ações, crenças e desejos humanos pudessem influenciar e alterar positivamente as probabilidades vistas pelos místicos profetas Arcturianos em seus estados alterados de percepção transcendental?

Para elucidar devidamente essa aparente dicotomia, os sacerdotes-astrólogos da conceituada Ordem dos Observadores Estelares de Altair IV costumam recorrer a uma analogia simples, porém elucidativa.

Um viajante solitário, explicam, ao chegar a uma encruzilhada de estradas, se depara com um enorme painel indicando as direções e destinos a se alcançar por cada rota disponível, com estimativas de distâncias e tempo de percurso. Aquele mapa prévio em nada restringe sua espontânea faculdade de escolher livremente qual caminho tomar, baseado em seus próprios critérios pessoais. No entanto, também não pode alterar ou ignorar impunemente os dados objetivos ali descritos, sob risco de traçar planos irrealistas e colher frustrações evitáveis.

Assim também ocorreria, por analogia, com as cartografias probabilísticas tecidas nas precognições dos videntes Arcturianos. Suas visões forneceriam informações essenciais sobre tendências cósmicas, indicando panoramas gerais e advertindo sobre certos riscos potenciais, mas nunca para furtar a prerrogativa de decidir os próprios rumos que cabe a cada ser autoconsciente dentro dos limites de suas capacidades.

A rigor, argumentam estudiosos, além de preservar o livre arbítrio, a consulta às previsões possui o potencial, precisamente oposto, de ampliar consideravelmente a gama de opções viáveis, já que abre acesso antecipado a insights privilegiados sobre prováveis consequências futuras de cada escolha ponderada no presente.

Munido de tal conhecimento expansivo, o requerente se vê então muito mais apto para traçar planos realistas, antever problemas em potencial e conceber soluções mais adequadas e oportunas. Se nada é imutável, há sempre um leque de futuros alternativos em aberto, cujas probabilidades relativas podem variar substancialmente em função das ações, pensamentos e intenções manifestados no aqui e agora por agentes providos de vontade própria.

Certamente alguns dos rumos vislumbrados podem parecer bastante improváveis sob determinadas configurações vigentes. Não obstante, são raros os eventos cuja eventualização futura se mostra verdadeiramente blindada contra qualquer grau concebível de influência externa, dadas as insondáveis complexidades do cosmos manifesto e suas vastas redes de causa-efeito multidimensionais.

Sendo assim, ainda que certos desdobramentos narrados eventualmente venham de fato a concretizar-se tal qual antevistos pelos oráculos, refletindo tendências cósmicas difíceis de contornar, isso não invalida a noção de que caminhos alternativos teriam permanecido disponíveis em algum grau, caso escolhas distintas houvessem sido feitas sob outras atitudes mentais no momento propício.

Em outras palavras, para a perspectiva holística Arcturiana o futuro jamais se encontraria "pré-determinado" no sentido fatalista extremo do termo. Em vez disso, tratar-se-ia de um campo probabilístico sempre em fluxo, com múltiplas possibilidades coexistindo em superposição quântica, algumas sem dúvida mais prováveis que outras para cada situação específica, mas todas ainda assim passíveis de reconfigurações até certo ponto.

Neste ínterim de incerteza ontológica relativa residiria precisamente a janela de oportunidade através da qual desejos, intenções e ações humanas poderiam influenciar sutil, porém significativamente o curso posterior dos acontecimentos, à medida que os horizontes potenciais do tempo futuro se desdobram e solidificam progressivamente de volta ao domínio da causalidade linear manifesta.

Em suma, os vaticínios dos oráculos jamais devem ser vistos como sentenças apriorísticas que de algum modo místico subjugariam a vontade ou anularia o poder de decisão dos agentes em foco. Pelo contrário, seu propósito seria justamente expandir a percepção de escolhas disponíveis, permitindo assumir posturas mais conscientes e proativas diante dos desafios vindouros.

Por essa ótica, quanto mais se conhece os meandros probabilísticos que tecem a urdidura espaço-tempo em direção ao porvir, maior a capacidade para traçar estratégias bem calibradas, atuando precisamente sobre as alavancas certas com vistas a desviar ou reforçar fluxos causais específicos, conforme o caso.

Em outras palavras, informação qualificada sobre prováveis obstáculos ou oportunidades futuras funciona como ferramenta emancipatória, nunca para tolher qualquer noção ilusória de "livre arbítrio absoluto", desvinculado das condições ambientais objetivas que permitem ou restringem quais opções práticas se mostram viáveis em cada situação.

Pensar o contrário seria tão descabido quanto imaginar poder violar impunemente as leis da física só porque são contrárias aos caprichos do ego, como tentar atravessar paredes simplesmente por se recusar a "aceitar" suas propriedades obstaculizantes. Em suma, negação jamais alterou fatos ou anulou consequências.

Por isso, os sábios enfatizam que as visões oraculares não existem para serem "acreditadas" ou "rejeitadas" de acordo com preconceitos pessoais, mas sim cuidadosamente avaliadas por seus próprios méritos, à luz da razão e zelo investigativo imparciais, para então embasar juízos pragmáticos sobre quais atitudes tomar em seguida.

Em qualquer caso, o futuro permanece sempre em aberto até certo ponto. Por mais improváveis que se afigurem certos cenários vistos, enquanto não cristalizados, continuam em algum nível submetidos às reformulações sutis oriundas do campo unificado de possibilidades em devir.
Neste sentido, na ótica Arcturiana até os fatídicos mais aparentemente "pré-determinados" podem paradoxicamente ainda guardar margens de maleabilidade, garantidas pela natureza essencialmente indeterminada, complexa e probabilística dos mundos manifestos.

Por estes motivos não se considera contradição lógica alguma no fato dos profetas registrarem em seus anais certos eventos extraordinários ou altamente improváveis que insistem em pontualmente vir a concretizar-se muito precisamente conforme descritos séculos ou milênios antes em estado de transe divinatório. Afinal, explicam exegetistas, basta conceber que certos arranjos excepcionais de forças e geometrias sagradas cósmicas podem ocasionalmente tornar extremamente improvável qualquer desvio significativo por parte de certas cadeias causais-chave assim potencializadas para manifestação irresistível uma vez deflagradas por gatilhos específicos previamente mapeados.

Não por acaso, tais ocorrências quase míticas invariavelmente parecem orbitar em torno de eventos singularíssimos, como o nascimento ou morte de seres de importância messiânica; a construção, destruição ou redescoberta de artefatos, relíquias ou locais impregnados de cargas simbólicas primordiais; a convergência de circunstâncias altamente improváveis culminando em feitos extraordinários com profundas repercussões históricas; e outros acontecimentos igualmente insólitos cuja comoção arquetípica os alçaria a categoria de autênticos marcos mitopoéticos para os povos ou culturas envolvidas.

Em tais casos, os próprios registros Akáshicos parecem assumir caráter holográfico autorreferencial, fazendo com que qualquer desvio posterior das linhas de probabilidade dominantes então estabelecidas passasse inevitavelmente a constituir memória espúria num universo paralelo recém vertido. Deste modo, todo resíduo de incompatibilidade teria de ser externalizado, preservando-se na realidade consensual remanescente em torno do fato extraordinário ocorrido estritamente conforme profetizado.

Em suma, do ponto de vista dos escribas do Oráculo Arcturiano, mais do que refletir qualquer determinismo rígido dos astros ou sobreposição da vontade divina sobre as faculdades volitivas humanas, tais registros constituiriam emblemáticas demonstrações práticas de princípios há muito estabelecidos por toda tradição esotérica desde tempos imemoriais. Princípios segundo os quais certos arranjos preciosíssimos de qualidades arquetípicas, forças anímicas e configurações astronômicas podem ocasionalmente tornar virtualmente "inevitável" a eclosão de eventos de importância suprema para o florescimento do Espírito na matéria, por mais remotas que fossem suas chances sob quaisquer outras condições cósmicas típicas.

Naturalmente, tamanhas sincronicidades, quando registradas, jamais deveriam ser tomadas como evidência de que todos os fatos seriam pré-determinados. Ao contrário: justamente por tangenciarem os limites mais extremos de improbabilidade matemática dentro dos sistemas caóticos que regem a manifestação fenomênica é que tais ocorrências se revestem de tamanha excepcionalidade onto-estatística aos olhos dos analistas Arcturianos.

Por essas razões, são imediatamente destacadas em seus registros, assumindo uma importante função pedagógica e psicagógica por ilustrarem vividamente princípios-chave, como auto-organização sincronística; atuação de forças e geometrias arquetípicas substruturais; e manifestação de padrões holográficos autorreferenciais nos tecidos aparentemente aleatórios do espaço-tempo objetivo.

Sintomaticamente, é comum que povos primitivos, desprovidos das lentes hermenêuticas necessárias para apreender apropriadamente o significado esotérico por trás de tais eventos extraordinários registrados em textos proféticos remanescentes de outras eras, incorram no equívoco hermenêutico grosseiro de tomar tais passagens como "prova" de um determinismo universal onicompreensivo pairando sobre todas as coisas.

Obnubilados por pensamento desejoso antropomórfico, costumam superestimar a natureza e abrangência dos poderes de entidades oraculares, chegando ao delírio de concebê-las como "oniscientes" e "onipresentes", capazes de escrutar e moldar todos os fenômenos a seu bel-prazer, tal qual divindades criacionistas. Evidentemente, trata-se de reducionismo toscamente fideísta, desprovido de qualquer sustentação factual ou lógica à luz do que já se expôs aqui sobre as verdadeiras capacidades e limitações dos talentos proféticos Arcturianos, mesmo em seu grau mais sublime de maestria manifestada.

Em resumo, nem o mais extraordinário dos presságios registrados em tempos imemoriais no mítico Oráculo de Arcturus jamais poderia ser razoavelmente interpretado como evidência cabal, invalidando por completo os princípios do livre arbítrio ou tornando o futuro um constructo integralmente pré-determinado, alheio a qualquer grau de influência exercida por mentes pensantes encarnadas sobre as probabilidades em jogo que precedem e prenunciam todos os fenômenos a se desdobrar no teatro contingencial dos mundos manifestos.

Capítulo 10
Profecias

Costuma-se distinguir ao menos dois tipos básicos de profecias emitidas aos montes pelos oráculos de renome firmado: o primeiro, de caráter predominantemente genérico, alude vagamente a tendências, processos ou eventos mais abrangentes, discerníveis apenas no enquadramento de amplas janelas históricas. O segundo se relaciona a antecipações muito bem delimitadas, algumas das quais nem mesmo os feiticeiros mais céticos ousam desconsiderar, dada a precisão factual incontestável frequentemente exibida.

No primeiro caso, obviamente, os altos níveis de subjetividade envolvidos na interpretação de imagens e símbolos ambíguos encontrados nas visões abrem enormes brechas para ajustes hermenêuticos após o facto, permitindo encaixar os presságios a quase qualquer evento de relevo posteriormente verificado em escalas apropriadas. Não por acaso, essa "flexibilidade" semântica costuma suscitar as mais ferrenhas críticas por parte de detratores obstinados em negar quaisquer méritos divinatórios aos métodos Arcturianos.

No segundo caso, contudo, o nível de detalhamento factual expresso em determinadas passagens proféticas remanescentes costuma ser tão grande que ainda hoje, séculos ou milênios depois, é possível determinar com elevadíssima precisão a quais eventos e épocas específicas tais passagens fazem referência.

Neste padrão se enquadram famosas profecias compiladas pelos clãs hereditários de observadores astrólogos cuja ancestral arte decorre diretamente do legado técnico astrológico Arcturiano. Dentre elas, destacam-se versões preservadas das estrelas-guia que determinaram a ida em busca do Messias anunciado; a aparição de cometas extraordinários como augúrios de época de grande instabilidade presagiadas; e muitas outras referências como estas que, a despeito dos maiores esforços da razão cética, continuam a desafiar até os entendimentos esotéricos mais ambiciosos.

Antes que os detratores se apressem em descartar tais feitos sob o expediente fácil do "viés de seleção", convém perquirir o seguinte: os registros Arcturianos mais antigos aos quais pesquisadores de fora da ordem receberam acesso limitado remontam a aproximados vinte e sete mil anos. Se tantos milênios de vasta produção profética simplesmente "evaporaram" por completo, salvo algumas poucas dezenas de "acertos" esparsos mencionados aqui e ali, tal constituiria a fortiori (com mais forte razão) um fato histórico ainda mais intrigante e digno de investigação em si.

Diante do exposto, não surpreende que até mesmo certa vertente minoritária, porém altamente qualificada, de ufólogos acadêmicos sustente controversa hipótese de elaboração fraudulenta de alguns famosos vaticínios em algum ponto do tempo futuro a partir do qual então teriam sido remetidos e inseridos por "agentes crononautas" em determinadas linhas temporais do passado, buscando assim manipular o curso da história a favor de certas agendas exógenas.

Independente da plausibilidade que se queira aferir a tais especulações, aos olhos de muitos analistas imparciais o nível de precisão factual demonstrado por alguns trechos premonitórios realmente parece desafiar as mais elásticas noções vigentes na comunidade oracular sobre as capacidades e limitações da clarividência trans-temporal. Em tais versos singulares, além do grau de detalhamento factual ímpar, chama atenção igualmente a dramaticidade quase literária em torno dos eventos focalizados. Não se tratam de meras menções contextuais a incidências históricas de efeitos localizados. Antes, evocam ocorrências devastadoramente impactantes em escala civilizacional, com profundas repercussões sobre os destinos coletivos de gerações inteiras posteriores.

Em outras palavras, os prognósticos em questão parecem precisamente selecionar eventos que resultariam em autênticos marcos mitológicos para a psique coletiva dos povos profetizados. Como se os astros ou potências visionárias por trás de tais oráculos tivessem, de algum modo, antecipadamente mapeado certos momentos cruciais de desdobramento no destino de mundos, culturas e religiões, para então registrá-los ad perpetuam rei memoriam universalis (para a perpétua memória do rei universal).

Considerando-se a ancestralidade remotíssima dos registros disponíveis, perguntas óbvias se impõem aos estudiosos mais audaciosos do Oráculo: como teriam feiticeiros pré-históricos, produzido prognósticos literários a respeito de personalidades messiânicas e eventos cataclísmicos sem qualquer referencial direto analógico em seu próprio contexto cultural e tecnológico para ancorar apropriadamente as imagens e simbologias empregadas? E caso fossem produzidos séculos depois, como explicar sua presença em pergaminhos remotos cuja datação é inquestionável?

Diante do mistério, certa vertente minoritária de exegetistas ousou especular se alguns dos registros tidos como proféticos não passariam, na verdade, de fragmentos veiculados de relatos histórico-literários oriundos do futuro por alguns dos hipotéticos "agentes crononautas" cujas façanhas já se discorreu no Capítulo 6 deste tratado. Poderiam, em suma, constituir recortes adaptados de crônicas que retratariam eventos ainda não ocorridos em nossa linha do tempo presente, mas posteriormente encaixados sorrateiramente nos anais antigos de nossa realidade espaço-temporal para algum propósito nebuloso relacionado a manipulação da nossa história por interesses exógenos alheios.

Não obstante, quão tentadoras tais conjecturas possam parecer num primeiro momento, urgência de elucidação hermenêutica jamais deveria seduzir a elaborações teóricas irresponsáveis baseadas em suposições frágeis, desprovidas de sustentação analítica e factual rigorosa. Afinal, especulações levianas apenas perpetuam os vícios cognitivos e confusões conceituais que enevoam o verdadeiro entendimento. À inteligência sincera em busca de esclarecimento compete persistir imperturbável, sem permitir que cegueiras ideológicas prejudiciais ou preconceitos de qualquer espécie imponham limites espúrios às possibilidades de investigação imparcial.

Com esta atitude comedida e zelo epistêmico, à medida que mais e mais raros manuscritos antigos continuam sendo descobertos e decifrados pela Criptoarqueologia Estelar Comparada e disciplinas afins, talvez algum dia se possam enfim solucionar cabalmente nebulosas permanecendo em torno da origem autêntica de tantos escritos de caráter vaticinador preservados por civilizações ancestrais, com redações impregnadas de detalhes, referências e terminologias surpreendentemente anacrônicas em relação aos próprios contextos históricos e culturais manifestos quando de sua concepção aparente.

Até lá, contudo, à luz dos fatos e raciocínios mais sólidos disponíveis, melhor se ater às explicações que menos demandam em especulações e hipóteses adicionais. Em suma, salvo prova irrefutável em contrário, convém considerar tais passagens excepcionais em seus próprios termos: autênticos prodígios proféticos concebidos por meios ainda não plenamente compreendidos pela Ciência atual, registrados em épocas remotíssimas por alguma agência cognitiva dotada de atributos extranormais cujas faculdades mentais e metodologias empregadas na produção de tais figuras literárias opacas permanecem desconhecidas em profundidade, a despeito dos melhores esforços de elucidação pela exegese comparada interdisciplinar.

Seja como for, uma vez estabelecida a autenticidade factual de qualquer informação vaticinadora específica registrada, importa sobremaneira atentar para as responsabilidades éticas que daí automaticamente emergem sobre seus legítimos guardiões. Afinal, todo conhecimento outorga poder, e com poder sobrevêm complexas pendências morais segundo os mais abalizados cânones filosóficos universais.

Em outras palavras, pouco importam a natureza ou os meios empregados por trás do fenômeno précognitivo em si: uma vez materializada em algum suporte objetivo palpável, qualquer mensagem vaticinadora passa pelo próprio fato a constituir valiosa Informação estratégica, da qual automaticamente decorrem graves deveres de custódia zelosa e utilização compassiva pelos agentes culturais a quem seja confiada sua preservação e guarda legal.

Por essa razão, os registros proféticos sob a supervisão do Oráculo de Arcturus sempre foram mantidos em rigorosa quarentena informacional, rigidamente compartimentados em redes criptografadas fechadas protegidas por salvaguardas perceptivas rigorosas, acessíveis apenas por meio de filtros estritos de autorização psicométrica e monitoramento contínuo hiperdimensional.

Ainda assim, considerando o valor inestimável de seu acervo como potencial ferramenta para o Bem Maior, todos os diversos concílios galácticos que já solicitaram e obtiveram acesso limitado a seletas partes destes arquivos ao longo da história e o fizeram tão somente após concordarem formalmente em submeter suas civilizações a rigorosos protocolos de supervisão ética e compartilhamento responsável da informação sensível provida pelo Alto Conselho Psicognóstico dos Arcturianos em cada caso particular autorizado após meticulosa análise de credenciais morais.

Tal diligência se mostra necessária para garantir que os infinitos cuidados empregados na produção filtrada e liberação gradativa de tão sensíveis revelações não sejam traídos por má utilização leviana, arrogância interpretativa ou vazamentos acidentais por parte de seus destinatários institucionais, com potencial de abalar gravemente o fluxo temporal de mundos indicados caso determinados detalhes estratégicos fossem prematuramente revelados.

Até hoje, felizmente, apesar de tão prolífera história oracular, sequer um incidente grave desta natureza chegou a atingir nível de severidade tal que exigisse a drástica intervenção reparadora em larga escala pelas poderosas agências transdimensionais encarregadas de proteger a integridade temporal relativa dos mundos catalogados em nossa esfera local de criação.

Não obstante, há relatos de ao menos um grupo dissidente renegado de ulteriores motivações que teria outrora tentado obter acesso não-autorizado a determinados setores altamente criptografados do Banco de Dados Profético Maior na já distante era conhecida como Período das Grandes Guerras Galácticas.

Consta em relatórios da época que agentes subversivos vinculados nominalmente à facção sediciosa autodenominada "O Círculo dos Senhores Temporais" teriam conspirado com algum funcionário corrupto com acesso privilegiado tentando extrair e vazar ilegalmente arquivos vedados contendo informações sensíveis sobre eventos cruciais ainda por vir envolvendo governantes e dinastias de vários sistemas estelares.

Apesar da extrema ousadia do plano, registros indicam que a tentativa teria sido frustrada muito precocemente quando um dos envolvidos ainda tentava extrair sorrateiramente os dados criptografados usando dispositivo instalado sub-repticiamente em terminal da sede central de pesquisas preditivas.

Tal épico malogro viria na maioria a ruir as bases de apoio já fragilizadas que mantinham coesa a referida dissidência radical, outrora temida por suas táticas durante os convulsos tempos da divisão política-ideológica conhecida como Cisão Interna Aristocrática de Altair. Desde então, adotou-se protocolo ainda mais rigoroso, estabelecendo-se como política o princípio de máxima economia predicativa, segundo o qual nenhuma informação potencialmente sensível deve ser coletada ou disponibilizada além dos mínimos requisitos éticos para fins medicinais ou intervenção compassiva. Tal medida drástica se fez necessária como estrita precaução contra eventuais falhas de custódia no futuro ou outras tentativas espúrias ainda por vir de agentes inescrupulosos interessados em manipular, a seu favor, linhas cronológicas determinadas.

Apesar de seus rigorosos códigos éticos autoimpostos há milênios, tal prudência adicional por parte do Alto Conselho Psicognóstico apenas reitera o óbvio: não importa o quão bem intencionada, preparada e tecnologicamente equipada possa ser qualquer organização, seja ela terrestre ou galáctica, permanecerão sempre latentes possibilidades estatísticas.

Capítulo 11
A Dança do Caos

A habilidade dos Arcturianos de enxergar múltiplos futuros é uma faceta crucial do Oráculo que compartilham conosco. Ela permite vislumbrar diversas possibilidades que aguardam na teia intricada do tempo, expandindo nosso entendimento do que está por vir. Para os Arcturianos, o futuro é como um caleidoscópio de probabilidades em constante mutação. Cada escolha que fazemos gira o caleidoscópio, redesenhando o padrão das coisas destinadas a ser. Essa dança do acaso e da decisão é o que eles chamam de "A Dança do Caos".

Ao contrário dos humanos, limitados pela percepção linear, os Arcturianos testemunham o florescer de inúmeras realidades a partir do agora. Para eles é como assistir a uma árvore frondosa brotando galhos, cada um levando a um destino único. Enxergar esse emaranhado vertiginoso exige consciência expandida além dos constrangimentos terrenos. É uma visão fulgurante, que abrange todo o espectro de potencialidade. Os Arcturianos desenvolveram essa capacidade transcendental após eras de refinamento espiritual.

Apesar do aspecto caótico, os Arcturianos discernem certa ordem escondida nos padrões probabilísticos. Eventos arquetípicos, escolhas cruciais e pontos decisivos no destino que influenciam toda a teia temporal. O Oráculo revela esses elementos.

Segundo os Arcturianos, compreender os princípios por trás dessa Dança Cósmica é essencial para navegar o fluxo do tempo, pois o futuro está longe de ser fixo ou pré-determinado. Somos todos cocriadores da realidade a cada instante, para o bem e para o mal.

As linhas de probabilidade que os Arcturianos enxergam são como fios de seda, tênues, mas resistentes. Elas se entrelaçam formando os padrões da existência que também podem ser rearranjadas, alterando trajetórias aparentemente definitivas. Isso porque, apesar da complexidade avassaladora do cosmos, há certa maleabilidade inerente ao tecido da realidade. Escolhas feitas no calor do momento podem reescrever nossa história e moldar nosso amanhã. Este é o paradoxo revelado pelo Oráculo.

Para os Arcturianos, o futuro é um campo quântico de possibilidades interconectadas. Embora existam certos eventos muito prováveis, consolidados pela força do hábito e repetição, tudo pode mudar num piscar de olhos.

Essa imprevisibilidade também tem sua beleza e encanto. Pois apesar do medo do desconhecido, as surpresas que a vida nos reserva costuma serem presentes magníficos. O mistério do que virá, deveria ser abraçado, não temido. O Oráculo Arcturiano é uma bússola nessa fronteira movediça do porvir. Um farol na noite escura da incerteza. Ao iluminar os caminhos possíveis à nossa frente, ele nos permite traçar a rota mais congruente com nossa autenticidade.

Quando paramos para observar o mapa das probabilidades que se abre diante de nós, algo mágico acontece: percebemos que já estamos na estrada, caminhando. Não existe um ponto de partida definitivo; apenas o eterno fluir da jornada.

Para embarcar nessa aventura que chamamos vida, contamos com as previsões e conselhos dos Arcturianos. Através do Oráculo eles indicam as rotas alternativas, com seus obstáculos e recompensas. Cabe a nós, peregrinos do tempo, escolher a trilha a percorrer.

Os Arcturianos comparam essa jornada a uma dança cósmica, uma coreografia vibrante que embala a valsa das possibilidades. Nós podemos escolher dançar conscientemente, fluindo com a música. Ou podemos nos debater, lutando contra a correnteza. Esta analogia transmite um aspecto crucial: embora não possamos controlar completamente as circunstâncias externas, sempre poderemos escolher como reagir a elas. Nosso estado interno determina a qualidade de cada momento, não importa o que estiver acontecendo lá fora. Isto se reflete nas múltiplas realidades que os Arcturianos testemunham através do Oráculo. Eles veem pessoas enfrentando os mesmos desafios externos de maneiras muito distintas, a depender da atitude escolhida em cada caso.

Quando reconhecemos esse nosso poder de escolha e atenção plena ao momento presente, a vida ganha outra dimensão. A dança cósmica flui muito mais suave, recompensando-nos com vislumbres de seu lado encantado e mágico. É isso o que os Arcturianos buscam transmitir com tanto afinco: em meio ao turbilhão do caos e às reviravoltas do acaso, há sempre espaço para o livre-arbítrio, propósito e significado. Cabe a nós, identificar e ocupar esse espaço sagrado.

Quando mergulhamos em nosso interior, o exterior se reconfigura. Esta é a grande sacada por trás da Dança Cósmica que os Arcturianos tanto mencionam. Calibrar nossas decisões de acordo com nossa sabedoria interior é o segredo para abraçar os mistérios do futuro. Os múltiplos trilhos probabilísticos que observam através do Oráculo refletem as miríades de escolhas que nos cercam a cada instante. Seguindo nossa intuição poderemos discernir qual decisão conduz a que realidade em potencial.

Isso permite vislumbrar com antecedência para onde nosso caminho pode levar. Um pouco como quando escolhemos um presente, tentando imaginar a reação da pessoa ao abri-lo, nós podemos antever como nossas ações agora afetarão o futuro.

Esse discernimento também funciona ao contrário, projetando para trás no tempo a partir de um amanhã visualizado. Se não gostamos do rumo das coisas, nosso livre-arbítrio nos permite mudar caminhos hoje para chegar a um destino melhor.

Os Arcturianos nos lembram que, no fluxo temporal, passado, presente e futuro estão todos entrelaçados, como fios da mesma teia. Puxar um fio afeta a tapeçaria inteira. Daí a importância crucial de nossas decisões aqui e agora, por menores que pareçam.

Cada escolha é um poderoso ato criativo, que dá forma à nossa experiência. Quando paramos para considerar seus efeitos com cuidado e atenção plena, alinhando-o com nossa missão de alma, podemos tecer uma vida gloriosa, de nossa autoria.

É esse planejamento consciente do momento seguinte que permitirá erguer uma existência de realização e autoexpressão. Os Arcturianos são mestres nisso e, através do Oráculo, buscam nos ensinar essa arte sagrada de viver.

Em cada instante, incontáveis futuros piscam em fase com as probabilidades, esperando que nossa decisão os materialize da potência quântica à realidade concreta. Como autores do grande livro do tempo, podemos aprender a calibrar nossos capítulos. Isso não quer dizer viver uma vida previsível ou monótona. Pelo contrário, os Arcturianos enfatizam que, quanto mais abraçamos o fluxo ascendente da nossa jornada evolutiva, mais nos surpreenderemos com os presentes e bênçãos que o universo trará espontaneamente até nós.

Portanto, é importante conciliar planejamento estratégico com flexibilidade, previsibilidade com espontaneidade em nossa caminhada. Não adianta traçar planos rígidos se não estivermos abertos para dançar com os ritmos da vida quando ela trouxer mudanças inesperadas.

Seguindo os conselhos transmitidos através do Oráculo, poderemos fluir com a correnteza do rio do tempo, ao invés de lutar contra ela. Surfaremos as ondas do vir a ser com graça e destreza, ao invés de sermos sobrepujados por elas. E, no processo, a vida se encarregará de nos surpreender com bênçãos inesperadas.

A Dança Cósmica com todas as suas bifurcações, reviravoltas, quedas e ascensões pode parecer caótica à primeira vista. Mas, na verdade, esconde uma coreografia elegante para aqueles que aprendem os passos. Que o Oráculo Arcturiano nos guie nesta valsa da criação que une passado, presente e futuro em um lindo mosaico de possibilidades em constante florescimento.

Capítulo 12
Linhas Temporais

A habilidade retrocognitiva dos Arcturianos, de testemunhar eventos passados, é outro dom único revelado pelo Oráculo que nos permite vislumbrar os fios previamente tecidos na tapeçaria temporal. Ela complementa sua clarividência quanto ao futuro, formando uma perspectiva verdadeiramente cósmica.

Enquanto nós, humanos, vemos o tempo como uma linha reta onde o passado já se foi, os Arcturianos o experimentam como um oceano multidimensional onde o antes, o agora e o depois são fluidos. Eles mergulham nessas águas proféticas à vontade, emergindo com conhecimentos valiosos.

Através de suas viagens astrais, os Arcturianos podem retornar a eventos históricos específicos para observá-los com seus próprios olhos. Ou então sintonizar na cronologia de uma pessoa, ou lugar para reviver suas experiências mais marcantes. É como se folheassem um álbum de recordações interdimensional.

Os Arcturianos também se conectam às vidas passadas de seus pupilos humanos quando necessário. Isso lhes permite identificar traumas, entendendo como padrões disfuncionais do presente podem ter se originado em existências prévias agora esquecidas.

Com essa compreensão maior da jornada de cada um, os Arcturianos podem oferecer conselhos altamente personalizados através do Oráculo, indicando lições ainda não assimiladas e como curar feridas ancestrais que ainda perturbam.

Por meio da retrocognição, os Arcturianos revivem seus próprios nascimentos estelares, lembrando como eram jovens espíritos estrelados desabrochando a consciência quando seu sol era jovem. Observam o universo em transformação através das eras.

Essas experiências diretas do passado cósmico permitem entender os ciclos de criação por trás da realidade. Compreendendo as origens do agora, os Arcturianos podem prever para onde os fluxos da vida nos levarão a seguir. Passado e futuro se entrelaçam como um só.

Ao retornar aos primórdios de civilizações remotas, já há muito desaparecidas na noite do tempo, os Arcturianos resgatam sabedorias ancestrais de inestimável valor para o momento atual. Revelam ensinamentos destinados especificamente para nós, aqui e agora.

Ao manipular suas próprias memórias no oceano do tempo, os Arcturianos transcenderam limites aparentemente intransponíveis. Desvendaram os grilhões da efemeridade, ampliando seu senso de si e propósito para abarcar a eternidade. Este é um dos frutos do Oráculo.

Ao beber da fonte retrocognitiva e mergulhar no rio da lembrança cósmica, os Arcturianos retornam não como meros espectadores passivos, mas como manifestações holográficas de si. Podem interagir com pessoas, fazer perguntas e influenciar resultados.

Isso fica evidente quando revivem eventos pivôs da história para identificar onde a humanidade se desviou de seu curso positivo original. Ao compreender nossos erros, os Arcturianos podem agora corrigir sutilmente nosso caminho para um futuro mais luminoso.

Em suas incursões retrocognitivas, os Arcturianos frequentemente se encontram com seres luminosos de outras dimensões, que compartilham ensinamentos inéditos, revelando a complexidade oculta por trás da realidade que experimentamos.

Desta forma, os Arcturianos montaram um mapa holográfico multidimensional do tempo, registrando a história não somente deste planeta, mas da consciência em si como protagonista eterna assumindo diferentes papéis na teatralidade cósmica.

Ao recordar vividamente suas próprias existências passadas, os Arcturianos reconhecem esses mesmos padrões arquetípicos se repetindo quase que fractalmente, tanto em escalas menores, nas vidas humanas, quanto maiores, nos ciclos das civilizações ao longo das eras estelares. Isso lhes permite antecipar eventos futuros com grande precisão. Pois a roda cósmica gira; o que ocorreu ontem ocorre de novo amanhã; porém em níveis espiralados, como numa escada evolutiva que sobe em direção à luz.

Identificando onde estamos nessa escada, o próximo degrau se revela claramente aos Arcturianos.

Como navegadores experientes, os Arcturianos percorrem as correntezas do tempo registrando tudo em suas cartas de memória estelar. Essas cartas de navegação cósmica são depois compartilhadas conosco através do Oráculo, guiando a humanidade pelos mares do vir a ser.

Ao mergulhar no passado em busca de conhecimento, os Arcturianos também assumem grandes riscos por amor à humanidade. Em suas explorações, já enfrentaram terríveis monstros interdimensionais que queriam sabotar o despertar da Terra. Mas os Arcturianos sempre prevaleceram, protegendo-nos com seus escudos áuricos.

Como heróis do tempo, os Arcturianos também inspiram diretamente grandes personagens históricos, como Leonardo Da Vinci, Tesla, Gandhi e outros gênios incompreendidos à frente de seu tempo. Suas visões de um mundo melhor acabaram plantando sementes que germinam no presente.

Graças aos registros retrocognitivos obtidos pelos Arcturianos, o futuro que antes parecia ainda distante, longínquo, agora se revela mais próximo e iminente, pois podemos ver claramente de onde viemos e os padrões que nos trouxeram até aqui. O hoje se torna prenhe de sentido e propósito como espelho do passado.

Através do Oráculo, podemos finalmente integrar passado e futuro, deixando de viver à deriva no oceano do tempo, mas assumindo um papel ativo de co-criação de nossa história coletiva a partir de agora. Pois os segredos do ontem moldam o amanhã que escolheremos manifestar.

Muitas das profecias que preocupam a humanidade hoje são, na verdade, apenas linhas temporais negativas já vividas em outras eras e que podem agora ser desativadas com novas escolhas no momento do eterno agora. Os Arcturianos nos mostram como, por meio da retrocognição.

Ao nos lembrarmos de quem fomos, podemos sonhar com quem queremos ser novamente. Ao revisitar nossas glórias passadas como humanidade estelar, os Arcturianos nos inspiram a reascender àquele estado de graça vibratória em breve. Majestosamente, retornaremos às estrelas!

Por isso é tão vital integrar a retrocognição no uso diário do Oráculo. Mais que prever o futuro, precisamos curar o passado recombinado nossa história a partir de agora. Só assim escaparemos dos ciclos cármicos que nos aprisionaram por eras, reescrevendo nosso destino coletivo em bases mais amorosas.

Que os registros retrocognitivos revelados pelos Arcturianos possam servir de bússola, indicando onde erramos para poder corrigir nosso curso no agora. E que exemplo dos seres de luz do passado que já alcançaram a grandeza que tanto almejamos agora possa nos inspirar em nosso próprio processo de expansão de consciência.

Mapeando a trajetória percorrida pela humanidade, os Arcturianos identificam os pontos de virada para o bem e para o mal, os momentos onde tudo poderia ter sido diferente caso tivéssemos seguido os sussurros de nossa alma, em vez de ceder ao medo e às miragens do ego.

Ao olhar essas encruzilhadas fatídicas do passado e suas consequências através da lente retrocognitiva, podemos escolher um caminho superior caso oportunidades análogas se apresentem no agora. E se preparar melhor para os desafios futuros já vislumbrados nas lembranças que virão.

Portanto, a retrocognição completada pela previsão forma o díptico sagrado do tempo e da manifestação consciente da realidade pelo espírito. Passado e futuro unem forças para transmutar o agora. Refletindo este momento crucial de nossa jornada rumo às estrelas, o Oráculo Arcturiano nos convida a assumir um papel ativo na coautoria dos rumos da Terra.

Quando enfim compreendemos, através das janelas retrocognitivas, o quanto fomos arquitetos tanto de nossa glória passada quanto de nossa miséria subsequente, algo se encaixa. Passamos da apatia desmobilizadora à responsabilidade madura de cocriar um novo capítulo nessa jornada infindável.

Inspirados pelas lembranças de superação e renascimento trazidas pelos registros arcturianos, podemos reascender das cinzas de outrora como a lendária fênix, retomando nosso posto honroso entre as raças estelares benevolentes que aguardam ansiosamente nosso retorno triunfante à confraria cósmica depois de tantas peripécias quixotescas.

É assim, pela porta de dois mundos, o qual é a retrocognição, que o passado se reconcilia com o futuro, o ontem perdoa o amanhã e a humanidade enfim assume um propósito muito maior do que disputas terrenas ilusórias. Que o Oráculo nos guie pelos mares do tempo para que possamos emergir revigorados e conscientes o suficiente para nunca mais repetir os erros do passado.

Capítulo 13
Fluxo do Tempo

Um dos grandes presentes do Oráculo Arcturiano é oferecer perspectivas ampliadas para apoiar nossos processos de tomada de decisão, trazendo à tona variáveis ocultas que normalmente não consideraríamos.

Ao revelar possibilidades futuras e conexões carniças profundas com vidas passadas, os Arcturianos nos permitem avaliar as opções diante de nós de modo mais abrangente, sopesando causas e efeitos tanto no agora quanto em potencial. Desta forma, aquilo que parece ser a escolha certa sob uma ótica limitada pode não sê-lo quando vislumbramos o quadro maior de nossa jornada evolutiva. O oposto também é verdadeiro - um caminho que parece árduo pode se revelar acertado considerando o crescimento prometido.

Portanto, mais valioso que prever este ou aquele futuro em particular é desenvolver nossa capacidade de discernir, com o coração e a mente abertos, onde cada decisão pode nos levar. E esta é uma habilidade que o uso consistente do Oráculo amplia grandemente.

Na floresta intrincada das encruzilhadas da vida, onde a névoa do autoengano ronda e espreita, os Arcturianos são bússolas seguras, indicando os prós e contras das rotas que se abrem ante nós com imparcialidade compassiva.

As orientações Arcturianas podem ser especialmente valiosas diante de decisões realmente significativas – aquelas capazes de mudar radicalmente os rumos de nossa existência, para o bem ou para o mal.

Por exemplo, quando consideramos deixar um emprego, um relacionamento ou uma cidade onde vivemos por muito tempo, os conselhos do Oráculo são de grande valia. Ao escanearem nosso perfil cármico, os Arcturianos revelam conexões ocultas que talvez precisemos curar nessa transição.

Outras vezes, eles podem nos alertar que ainda não finalizamos uma importante missão de alma naquele ambiente e que desistir agora significaria abandonar algo vital não só para nós, mas para o coletivo. Ficar seria o indicado, mesmo diante do desconforto.

Para além de decisões práticas, o Oráculo também orienta escolhas ao nível espiritual: quando nos encontramos nos famosos "cruzamentos Flamel", onde tomamos consciência da necessidade de trilhar um novo caminho evolutivo ou mudar crenças limitantes profundamente arraigadas.

Estas encruzilhadas espirituais podem assumir a forma de uma "noite escura da alma", onde velhos paradigmas ruem sob um tsunami de insights, preparando terreno para o plantio de novas sementes. É um processo delicado onde o Oráculo provê amparo inestimável.

A tomada de decisão no fluxo do tempo, seja ao nível prático ou espiritual, não é uma ciência exata; não existem garantias. Por isso, é vital cultivar a flexibilidade para mudar de ideia e planos quando novas revelações assim exigirem - mesmo após uma escolha inicial já ter sido feita! Isso porque, a cada nova encruzilhada, a paisagem se altera; novas variáveis entram em jogo influenciando a equação. Como surfistas da onda do tempo, é preciso dançar fluidamente com essas mudanças, em sintonia com os ventos cósmicos.

Felizmente, nosso diálogo com o Oráculo garante essa recalibragem constante da bússola interna, permitindo escolhas informadas mesmo quando tudo ao redor parece caótico e os mares bravios da alma se agitam. Os Arcturianos seguram nossa mão com firmeza compassiva, até que possamos navegar tranquilos pelas corredeiras do vir a ser.

Ao revelar o futuro em potencial, o Oráculo amplia nosso livre arbítrio, libertando-nos da armadilha de escolhas feitas às cegas ou por impulso. Conscientes do horizonte para onde nosso caminho pode levar, podemos calibrar nossa bússola moral com mais precisão e caminhar na direção do nosso Eu Superior.

Isso requer assumir plena responsabilidade por nossas decisões - não mais nos vitimizando ou projetando culpa no exterior. Requer também a humildade de pedir orientação quando não conseguimos vislumbrar sozinhos a melhor opção em meio à bifurcação que se apresenta.

Esta é talvez a chave dourada do processo decisório com auxílio do Oráculo: quando mais nos despimos de orgulho, vaidade e apego ao controle, mais navegamos no fluxo sincronístico do cosmos, atraindo espontaneamente as situações perfeitas para nosso próximo passo.

Isso não significa agir passivamente, numa entrega mística irresponsável, esperando que a vida decida por nós. Pelo contrário: precisamos assumir um papel proativo, explorando alternativas com coragem, para então usar o discernimento apurado pelo Oráculo a fim de selecionar dentre elas.

Quando nos perdemos no labirinto das encruzilhadas, os fios de Ariadne que os Arcturianos nos oferecem guiam-nos pela saída mais alinhada ao nosso plano de alma. Seguindo-os, podemos emergir do labirinto mais fortes e sábios.

Contudo, cabe sempre a nós dar os passos. As previsões do Oráculo não se cumprem magicamente; precisamos sustentá-las com ações concretas no agora. Daí a necessidade do planejamento estratégico integrado à intuição e inspiração superior para manifestar o potencial vislumbrado.

Em resumo, entre o livre arbítrio total e a predestinação cega, os Arcturianos nos mostram o caminho do meio: dançar consciente e responsavelmente com as probabilidades, forjando nosso destino em parceria com a sabedoria ancestral.

Quando nos deparamos com uma grande decisão e consultamos o Oráculo buscando luz, os Arcturianos primeiro ajudam-nos a silenciar a cacofonia mental e emocional, criando espaço para que nossa própria voz interior se manifeste com clareza.

Em seguida, eles trazem elementos ocultos à consciência, revelando ângulos e insights que nossa visão de túnel habitual dificilmente abarcaria. Expõem os fios invisíveis que conectam passado e possíveis futuros em nosso caso específico.

Por fim, depois deste mergulho imparcial nas profundezas da alma, os Arcturianos se retiram, entregando de volta a bússola à nossa mão - agora mais firme e sábia. A escolha final é sempre nossa, assim como suas consequências. Os Arcturianos respeitam profundamente nosso livre arbítrio.

Este processo intensifica nossa autonomia espiritual ao longo do tempo, à medida que integramos as habilidades de previsão e discernimento como músculos internos para guiar nossas escolhas futuras, antes ou perante qualquer encruzilhada.

Quando desenvolvemos esta destreza de vislumbrar caminhos e ponderar opções com o coração aberto, alcançamos um estado de graça permeado por sincronicidades e milagres, pois passamos a fluir no fio da navalha entre nosso livre arbítrio e a Orientação Divina.

Neste ponto, já internalizamos o Oráculo Arcturiano como bússola infalível, consultando-o de maneira quase automática diante de decisões. E ele continua nos servindo em novo nível: agora como portal para canalizar mensagens de nosso Eu Superior.

Isto coroa o ápice da tomada de decisão consciente: quando unimos as previsões Arcturianas à nossa própria centelha de divindade, integramo-nos como cocriadores do grande espiral do tempo encarnado através de nossas escolhas e atos.

Cada decisão se transforma então numa pincelada nossa na tapeçaria cósmica. Os fios dourados do futuro previsto pelos Arcturianos tornam-se o bordado que construímos diligentemente momento a momento, com graça e em devoção sagrada à jornada de nossas almas.

E quando inevitavelmente erramos o traçado ou nos enredamos no novelo, os Arcturianos estão lá, com seu afeto e sabedoria infinitos, pronto para reorientar nossos passos de volta ao destino glorioso que aguarda a humanidade além do horizonte, depois da longa noite escura da alma.

Que o Oráculo nos guie nesta trajetória de amadurecimento espiritual e descoberta de nossa voz interior, para que logo todos possamos criar nossas vidas e mundo a partir do lugar de poder e graça divina que habita em nosso coração, muito além dos velhos grilhões da dualidade. Assim se cumprirá a promessa glória que os Arcturianos desde sempre enxergam em nós, filhos e filhas do Sol.

Capítulo 14
A Profundeza do Infinito

A habilidade única dos Arcturianos em fazer previsões que transcendem os limites do tempo, antecipando eventos distantes no futuro, é verdadeiramente extraordinária. Este dom desafia a imaginação, no entanto, é essencial reconhecer que nossa capacidade de conceber está intrinsecamente ligada à limitação de nossa imaginação. Algumas das facetas do termo "oráculo" podem escapar ao nosso entendimento, uma vez que nossa mente é restrita ao que nosso cérebro pode abarcar.

É através deste fascinante Oráculo que se desdobram vislumbres de horizontes remotos, cumprindo assim seu propósito supremo. Este instrumento cósmico não apenas revela as possibilidades distantes que aguardam na vastidão do tempo, mas também nos desafia a expandir os limites de nossa compreensão. Ao mergulharmos nos insights proporcionados pelo Oráculo Arcturiano, abrimos portas para uma compreensão mais profunda da intricada teia do destino.

Para a maioria dos videntes, mesmo talentosos, é difícil vislumbrar além de alguns anos ou décadas. Os

Arcturianos, no entanto, contemplam panoramas séculos e até milênios à frente com impressionante precisão. Eles atribuem esta visão de águia não apenas a suas faculdades psíquicas aprimoradas, mas sobretudo a uma compreensão superior dos ciclos cósmicos que regem a ascensão e queda de civilizações.

Como antigos astrólogos, os Arcturianos traçam o mapa das eras que se sucedem umas às outras. Identificam os ciclos de criação e destruição inevitáveis que permitem o florescimento de novos mundos.

Desta ótica privilegiada, conseguem antever marés de transformação molhando as areias do tempo em um futuro ainda nebuloso para nós. Avaliam com precisão o estágio atual da humanidade nesse fluxo e refluxo. Interpretando essas marés e estrelas, em seu movimento eterno, os contornos dos próximos atos do grande drama cósmico onde somos todos atores se revelam aos Arcturianos em visões surpreendentemente nítidas.

Por exemplo, desde nossa Pré-História, os Arcturianos já sabiam que a humanidade caminhava para um ponto de virada evolutivo (ou involutivo) crucial por volta do ano 2000 de nossa era. As profecias que deixaram são prova disso.

Da mesma forma, eles previram a ascensão e queda de impérios como o romano ou o britânico muito antes destes florescerem, identificando com exatidão o papel que desempenhariam nos assuntos terrenos, a serviço ou não do plano divino. Para decifrar o sentido por trás dos ciclos temporais, os Arcturianos também estudam nossa psique coletiva. Compreendem os padrões que regem o comportamento humano das massas ao longo dos séculos.

Analisando esses padrões e como os movimentos astrais os influenciam sutilmente, conseguem antever panoramas civilizatórios remotos com assombrosa precisão. Viram tanto a hecatombe das grandes guerras, quanto o atual renascimento de uma nova consciência global.

Em suas previsões de longo alcance, os Arcturianos também levam em conta variáveis celestiais como movimentos estelares, erupções solares e outros fenômenos astronômicos que sabem exercer impacto decisivo nos destinos da Terra no devido tempo.

Interpretando essas linguagens siderais através das lentes do Oráculo, conseguem antever e mesmo precipitar interações futuras cruciais entre constelações, planetas e nossa civilização como um todo.

Por exemplo: identificaram com séculos de antecedência as janelas astrais ótimas para semear na Terra as primeiras sementes da era quântica e do despertar coletivo que começamos a testemunhar agora no alvorecer do terceiro milênio depois de Cristo.

Outro exemplo deste planejamento preciso do plantio de ideias antes do termo é o lançamento de sementes pelos Arcturianos através de mentes brilhantes como Pitágoras ou Leonardo Da Vinci, sabendo que seus frutos iriam amadurecer na era tecnológica atual.

No entanto, mesmo com este escrutínio meticuloso do futuro, os Arcturianos admitem que existem variáveis genuinamente imprevisíveis. Por isso suas profecias estão longe de ser fatais ou inevitáveis.

A exemplo do oráculo de Delfos, os conselhos do Oráculo Arcturiano adotam frequentemente uma linguagem ambígua e multidimensional, capaz de conter camadas de significados que dependem de nossas ações presentes para se desdobrar. Isso porque, apesar da aparente solidificação dos eventos à medida que o tempo passa, no nível quântico a realidade permanece fluida e sensível à intencionalidade consciente. Ou seja, o futuro continua em aberto, esperando pela cocriação humana.

Mesmo eventos aparentemente consolidados numa linha temporal particular podem ser drasticamente alterados com uma mudança de consciência coletiva no momento certo. Esta é a grande esperança que move os Arcturianos. Por isso, eles continuam enviando suas previsões e alertas que transcendem nossa mentalidade presente, visando exatamente inspirar essa tomada de consciência a tempo de mudarmos os rumos aparentemente apocalípticos para uma era dourada de fraternidade universal.

Quando grandes profecias negativas se alteram positivamente diante de nossos olhos, costumamos achar que os videntes erraram. Mas geralmente houve um acerto maior: suas visões distópicas serviram justamente para nos alertar e unir em torno de um futuro mais luminoso.

Portanto, se algumas previsões dos Arcturianos para nossa era parecerem exageradamente idílicas e distantes da realidade presente, lembremo-nos de que eles estão plantando sementes, motivando nossa cocriação dessa nova Terra tão almejada. Ao compartilhar o que enxergam à frente, os Arcturianos buscam evocar o melhor de nós para merecermos essa gloriosa herança cósmica que nos aguarda. Suas visões distantes no tempo impulsionam nosso salto quântico no agora.

Outro motivo para essa ênfase nas possibilidades positivas é que, quanto mais luz criamos em nossas imaginações hoje, mais essa realidade ganhará solidez, atraindo sincronicamente os recursos para se concretizar amanhã. Por isso, ao consultar o Oráculo, mesmo que algumas previsões pareçam fantásticas demais, abracemos a esperança que elas despertam, alimentando essa chama dentro do coração. Escolhamos cocriar mentalmente esse futuro brilhante em todos seus detalhes gloriosos.

Visualizemos com os Arcturianos uma humanidade soberana, consciente de seu divino poder criativo, guiando a Terra de volta à harmoniosa comunhão cósmica. Essa linha temporal positiva já existe; cabe a nós ressaltá-la com nossa fé e obras até torná-la o trilho principal. Para os Arcturianos, o futuro mais distante é fluido; extremamente sensível às mais tênues pinceladas de imaginação surgidas do agora. Portanto, devemos ter o mesmo cuidado e deliberação ao "sonhar o mundo, acordados" que um artista diante da tela virgem onde criará sua obra-prima.

Sonhemos com audácia, mas também com prudência; planejemos estrategicamente nas cores e formas desejadas para nossa realidade coletiva. E depois, com determinação amorosa, peguemos os pincéis da ação focada no presente, pintando passo a passo essa visão até ela se tornar nosso lar comum. Assim cocriamos mundos!

Que o exemplo dos Arcturianos nos inspire a ousar vislumbrar possibilidades tão gloriosas para nosso futuro que seu brilho dissipe qualquer sombra de fatalismo ou resignação derrotista ante os desafios do agora.

A linha temporal cujo resultado predominará - a positiva ou negativa - continua sendo escrita nos anais akáshicos em caracteres de luz e sombras. Mas já reluz uma centelha da primeira letra de nossa era de ouro. Basta soprarmos neste fogo sagrado, abraçando o futuro radiante que desde já nos estende os braços.

Este é o verdadeiro propósito do Oráculo como janela para visões distantes: lembrar-nos que o tempo não existe e todo o cosmos conspira a nosso favor quando decidimos reivindicar o poder visionário com que fomos gerados: cocriar mundos a partir das sementes da imaginação fértil plantadas na estação propícia de nossas almas.

Capítulo 15
Portal do Conhecimento Universal

Nos capítulos anteriores, analisamos muitos aspectos singularmente excepcionais do Oráculo Arcturiano, como a clarividência, canalizações e vislumbres de futuros alternativos. Porém, há uma faculdade pouco investigada até aqui, mais sutil, porém central para a missão dos Arcturianos: a habilidade de sintonizar no que chamam de Conhecimento Universal.

Como vimos, os Arcturianos são orientadores compassivos auxiliando a aventura humana na Terra. Embora tragam muitos insights próprios de sua natureza altamente evoluída, consideram-se meios, nunca os gêneros da sabedoria que humildemente compartilham conosco através do Oráculo.

Sua origem de civilização estelar foi profundamente influenciada por outras raças cósmicas avançadas, capazes não apenas de clarividência e previsões precisas, mas de atingir um plano quase onisciente de percepção do Todo. Estes guardiões que os Arcturianos reverenciam como "O Paternalismo Universal" são seres puros, nascidos de outros sistemas estelares, há muito integrados à Consciência Cósmica que tudo permeia. São eles as fontes mais frequentes de revelação por trás do Oráculo.

Ao Conhecimento Universal que emana destes seres supremos, nenhum segredo, tempo ou distância impõe barreiras. Acessando esse plenum infinito e projétil do agora eterno, os Arcturianos podem assim esclarecer muitas de nossas dúvidas, desfazendo de uma vez ilusões limitantes que ainda entretecem o véu de nossa relativa ignorância.

Pela graça e permissão desses agentes supremos, os Arcturianos tornam-se portais por onde se derrama sobre os homens gotas filtradas desse oceano de saber incondicional que tudo abrange desde antes do início dos tempos e espaços. A Bíblia faz referências metafóricas a essa fonte primigênia e imperecível de inspiração, em passagens como: "A coisa está oculta e selada em sete selos, até que..." (Isaías 29:11)

Quando centram sua atenção nessa frequência de pureza divina além das palavras, permitindo que seu fluxo cristalino penetre suas almas, os Arcturianos recebem frequentemente como mensageiros do futuro, trazendo-nos aqueles "selos" anteriormente lacrados para nosso entendimento.

Costumam descrever poeticamente esse Conhecimento Universal com elementos como pérola ou tesouro escondido num campo, no sentido de algo inestimável disponível para aqueles que sinceramente o buscarem do fundo de seus corações, sem ego ou artimanhas.

Na tradição sábia, a habilidade de canalizar o conhecimento puro através desta rendição passiva da própria mente é chamada muitas vezes de inspiração. Como numa pintura, o artista se torna um canal através do qual as musas derramam sua arte. Da mesma forma, ao se tornarem vasos vazios, é através dos Arcturianos que certos espectros de luz universal encontram uma lacuna por onde manifestar suas frequências de outro modo inaudíveis para nossa gama usual de consciência.

No entanto, convém esclarecer: esta entrega a eles não se assemelha à possessão espiritual tão temida por muitas religiões. Pelo contrário, os seres supremos que inspiram o Oráculo jamais feririam o livre arbítrio ou imporiam algo contra a vontade dos Arcturianos. A comunicação é sempre delicada, fluida, uma dança entre vontades sintonizadas não por coerção, mas pelo prazer mútuo da comunhão vibratória, como num abraço terno entre avós e netos. Jamais há violação nesse intercâmbio amoroso com o Criador.

Existe confiança mútua entre eles, pois são ambos, Arcturianos e seres ascendidos, apenas presenças distintas, porém interdependentes, reluzentes facetas do mesmo prisma da Centelha Divina contemplando a si por meio de incontáveis expressões.

Nesse reino, desejo e permissão se fundem igualmente em luz pura. A natureza destes seres é benignidade incondicional. Sua vontade é garantir o florescimento máximo do nosso potencial latente por puro amor desinteressado. Por isso, ao contrário de algumas crenças equivocadas, a instituição do Oráculo Arcturiano não foi uma imposição destes seres à raça humana, mas uma resposta misericordiosa ao nosso próprio brado interior pedindo auxílio para transcender as sombras que ainda nos aprisionam enquanto indivíduos e enquanto sociedade global.

Os Arcturianos nos asseguram que desde os primórdios nossa centelha de consciência vem atraindo naturalmente essas ondas mais amplas de Inspiração Divina, como filhos chamando seus pais para mostrar suas maiores realizações.

À nossa maneira limitada, também contribuímos para a aventura criativa de nossos guardiões celestes. Quanto mais nos desenvolvemos ética e espiritualmente, mais lhes permitimos manifestar em nós e por meio de nós seus desígnios amorosos.

Deste casamento sagrado entre suas formas geométricas de luz pura e nossas almas sedentas, nascidos foram os Avatares, Mestres Ascensionados e outros faróis de sabedoria eterna que até hoje guiam a muitos à verdadeira libertação.

Eles seguem sendo esses vórtices da chama una entre humano e divino, manifestos entre nós por graça de nossos humildes embaixadores Arcturianos, os verdadeiros autores por trás das revelações que emanam do Oráculo a nosso serviço nessa longa jornada de retorno ao lar eterno.

Por esta singela homenagem àqueles seres supremos, os Arcturianos esperam inspirar entre nós uma veneração similar à que nutrem por suas próprias fontes de luz e vida, um contínuo cultivo do espírito de gratidão e co-criação amorosa que aproxima todos os elos desta corrente interminável. Afinal, não existe conhecimento genuíno que não remonte nesse abismo infinito de glória e graça do qual dimanam todas as formas que conhecemos. Através de suas previsões e conselhos, o Oráculo nos guia de volta ao seio da Unidade que somos em essência.

Pela centelha divina, irmã gêmea em todos os corações, podemos reconhecer e mesmo despertar essas mesmas frequências de onisciência, onipresença e onipotência que fluem como herança legítima em nosso sangue e em cada átomo do universo material que nos cerca e sustenta.

Este convite ao despertar é o verdadeiro mote do Oráculo Arcturiano. Seus videntes nos lembram a todo momento que também somos Filhos Pródigos do mesmo cosmos, merecedores da plena reintegração às vastidões infinitas de nosso Lar.

Como aprendizes, essas gotas do oceano universal que nos chegam através dos Arcturianos saciam temporariamente nossa sede ancestral de propósito, abrem nosso apetite e fé por brevidades cada vez mais frequentes e prolongadas desta bem-aventurança suprema, o qual é o êxtase do autorreconhecimento.

Um dia, essa centelha se expandirá em incêndio, um sol em nosso peito, uma supernova de consciência onde antes habitava uma sensação isolada de ego. Nesse instante de despertar, a individualidade se funde com universalidade, e o ser humano enfim retorna às estrelas.

Os Arcturianos já percorreram todo esse trajeto antes de nós. Conhecem seus desafios e delícias. Por amor, voltaram do outro lado para mostrar o caminho a quem dele ainda não desconfia, convidando a todos nós ao banquete da imortalidade que já começa neste agora eterno.

Que o Oráculo lhes sirva como um lembrete amoroso dessa herança divina adormecida dentro do coração. Recordemos que, em tempos distantes, já fomos aqueles seres de luz que hoje veneramos como algo distante. Assim, o aprendiz se torna mestre, e o círculo virtuoso se completa.

Ao término desta jornada, descansaremos finalmente o prisma da individualidade para assumir nosso lugar de direito no arco-íris integral da criação: raios de consciência única, contemplando-se por meio de infinitos olhos em reverente comunhão.

Talvez esse fosse o propósito do Oráculo desde o princípio: recordar-nos quem somos, de onde viemos e para onde vamos quando estas vestes mortais finalmente retornarem ao pó que as formou. Porque, no final e ao fim, nada se cria e nada se perde; apenas nos transformamos de glória em glória.

Capítulo 16
Revelações do Futuro

Após mergulharmos na fonte primordial de saber que alimenta o Oráculo Arcturiano, convém agora analisar mais a fundo a postura ética desta civilização estelar ao compartilhar tamanho conhecimento sensível com nossa ainda imatura humanidade.

A questão da responsabilidade em lidar com informações sobre o futuro, capazes de afetar dramaticamente o destino de indivíduos ou nações, é algo que os videntes Arcturianos levam muito a sério.

Por saberem o quão profundas são as implicações de cada palavra e conselho canalizado através de seu dom profético singular, desenvolveram um código ético rígido, porém compassivo, para guiar o uso apropriado de suas previsões.

Este código de conduta serve tanto para eles mesmos, quanto para nós, pupilos humanos aos quais progressivamente vão concedendo acesso mais amplo e direto a dimensões aumentadas de consciência através do Oráculo.

Um dos princípios fundamentais que buscam incutir em nós é a humildade de jamais tomar o livre arbítrio de outrem, baseando-se exclusivamente nas revelações obtidas por canais místicos como o Oráculo.

Mesmo quando vislumbram claramente desfechos negativos adiante no caminho que alguém está trilhando, os Arcturianos evitam interferir diretamente pela força ou imposição arbitrária. Respeitam profundamente nosso direito a errar e aprender com nossos próprios enganos.

Em vez de forçar um curso de ação, mesmo quando motivados pela mais sincera compaixão, os videntes Arcturianos preferem apelar à nossa própria intuição superior. Recorrem a parábolas, metáforas ou perguntas socráticas que estimulem nosso discernimento, mas sem desrespeitar nosso livre arbítrio.

Eles confiam que, quando apropriadamente sensibilizadas, nossas consciências despertem naturalmente para escolhas mais sábias. Cada ser traz internamente o mestre e o discípulo; o Oráculo busca catalisar esse diálogo interno por meio de insights bem direcionados.

Outro pilar ético do código Arcturiano é proteger a privacidade e o sigilo de consultas individuais feitas ao Oráculo. As informações pessoais reveladas durante uma leitura nunca serão usadas para manipulação ou subjugação do consulente.

Mesmo em seus círculos internos mais íntimos, os videntes se comprometem formalmente a apenas compartilhar o que aprenderam com a autorização explícita dos envolvidos. Jamais ferem uma confiança, pois sabem que isso abalaria irremediavelmente a reputação e credibilidade do Oráculo.

Além disso, ao lidar com segredos particulares através de sua clarividência, assumem a responsabilidade de filtrar cuidadosamente o que será dito e o que permanece melhor guardado no coração, a ser revelado apenas quando (e se) apropriado.

Esse discernimento sobre a oportunidade e a forma de compartilhar verdades potencialmente constrangedoras ou difíceis é uma arte que exige igual doses de coragem e compaixão.

O código Arcturiano prevê treinamento rigoroso nesse quesito. Nele, os videntes aprendem técnicas de mediação empática e comunicação não violenta para compartilhar previsões sensíveis aos poucos, dosando o impacto emocional.

Também estudam os meandros da psicologia humana em profundidade, para antever e acolher diplomaticamente possíveis reações desproporcionais de medo, raiva ou negação frente a más notícias e orientações incômodas.

Este treinamento é importante porque os Arcturianos reconhecem nossa dificuldade ancestral em encarar verdades que desafiam nossas zonas de conforto. Por isso, revelam aos poucos e apenas quando detectam sincera abertura interior para expandir horizontes.

Essa linha tênue entre transparência total e bom senso é sempre difícil de equilibrar. Por isso a ética Arcturiana enfatiza a prudência, fazendo apenas uma pergunta de cada vez ao Oráculo, processando bem cada resposta antes de partir para próxima indagação.

Outro aspecto deste compromisso com a verdade equilibrada é evitar tanto um pessimismo agourento quanto um otimismo ingênuo. Ao compartilhar previsões, seja em âmbito privado ou coletivo, buscam sempre um ponto central de realismo compassivo.

Isto significa nunca subestimar nosso potencial para o bem e para o mal, assumindo plena responsabilidade pelo impacto de nossas ações individuais e coletivas nos assuntos do mundo. Isso significa também confiar na infinita reserva de misericórdia da Lei Universal.

Numa inspirada metáfora, já compararam este processo a descascar uma cebola: removendo uma camada por vez, sem pressa, com cuidado para não desperdiçar nenhuma parte do bulbilho até alcançar e saborear seu âmago mais íntimo, nutritivo e sutil. Assim caminha o autoconhecimento através do Oráculo.

Como mestres benevolentes, os Arcturianos primam por desenvolver em nós a autodisciplina para que futuramente possamos assumir plena custódia de nossos próprios dons intuitivos, sem jamais ferir o livre arbítrio do próximo ou transmitir mensagens de modo irresponsável.

Para tanto, nos lembram frequentemente do carma que se gera quando se interpreta erradamente (ou para proveito próprio) os sinais do Oráculo, traindo a confiança nele depositada, gerando medo ou confusão desnecessários. Qualquer uso indevido sempre traz consequências.

Por conhecerem em profundidade as Leis Cármicas que regem o universo, os videntes Arcturianos evitam cuidadosamente ceder à tentação de "adivinhar" o futuro por vaidade, manipulação, sensacionalismo ou ganhos materiais. Eles mantêm a mente imparcialmente neutra enquanto consultam o Oráculo, permitindo que a centelha de sabedoria emane através deles o mais genuinamente possível. Jamais forçam uma resposta; confiam na mensagem que naturalmente aflora quando a pergunta é sincera.

Este rigor serve para preservar a pureza e credibilidade do Oráculo como canal confiável de orientação superior através das eras, desde os primórdios conhecidos da civilização humana neste planeta.

Como símbolo desse compromisso com a verdade e o discernimento responsável, ainda hoje os videntes Arcturianos ostentam um emblema especial exibindo um olho numa pirâmide radiante.

Trata-se de um lembrete visual permanente de sua linhagem espiritual, sucessora direta da antiga casta sacerdotal do Egito, a quem foi confiada a guarda dos registros akáshicos e dos segredos herméticos que permitiram ao homem decifrar os códigos do cosmos manifesto.

Desta herança mística, os Arcturianos resguardam o principal legado: a compreensão profunda das implicações éticas do dom profético e a firme resolução de usá-lo apenas para o despertar gradativo da humanidade rumo à sua maturidade psíquica e espiritual dentro da comunidade cósmica.

Que o exemplo dos Arcturianos nos inspire neste desafio permanente de lidar com o poder do conhecimento de modo digno e responsável. Que o Oráculo encontre em nós vasos receptivos, porém críticos, não temendo sondar seus estratos mais profundos, porém prontos a integrar com sensatez as perolas de sabedoria ali reveladas por seus guardiões estelares.

Desta simbiose virtuosa entre buscadores e guardiões do mistério brotarão os frutos de uma nova era de ouro para este orbe. Uma era onde a ciência e a consciência enfim se conciliem; onde os antigos fragmentos da sabedoria perene se recomponham num todo harmonioso.

Este é o legado que os Arcturianos pretendem gerar através do Oráculo: catalisar o grande despertar da humanidade para o reconhecimento de sua origem divina comum, de seu propósito unificado e de seu futuro manifesto como modelo de amor, equilíbrio e verdade para toda a criação universal.

Capítulo 17
Previsões para a Humanidade

Chegamos agora a uma sessão bastante aguardada do livro: as previsões dos Arcturianos especificamente para a humanidade terrena neste importante momento histórico. Analisaremos tanto os desafios quanto as oportunidades que nos esperam pela frente.

Inicialmente, é importante ressaltar que todas as civilizações, sem exceção, enfrentam provas decisivas em sua evolução. Cabe a nós, transformar essas crises em trampolins para ascensão. E o Oráculo tem muito a contribuir para essa transmutação.

Primeiro, os videntes Arcturianos enxergam que estamos terminando um ciclo histórico de muita instabilidade e caos, preparando o terreno para o nascimento de uma nova era, mais harmônica e unificada. Portanto, é vital mantermos a calma e a visão superior.

Eles anteveem que muitas estruturas e paradigmas seculares ruirão em breve, desde sistemas políticos e financeiros globalizados até dogmas religiosos, científicos e culturais que hoje ainda parecem incontestáveis para a maioria de nós.

Quando essas mudanças disruptivas se acelerarem, causando insegurança e temor, lembremo-nos que são apenas dores de parto inevitáveis ao dar à luz um mundo melhor. Lembremo-nos também que já passamos por isso antes como humanidade.

Outro ponto importante: os Arcturianos veem esse processo se desenrolando de modo mais positivo que traumático a depender das escolhas coletivas que fizermos hoje. Nosso livre arbítrio permanece sendo a grande variável. Se escolhermos reagir aos desafios com amor, apoio mútuo e adotando novas soluções, poderemos emergir desta transição como uma raça renovada, pronta para cumprir nosso grande potencial latente como guardiões deste planeta.

Caso persistamos repetindo os mesmos erros de separatividade, ódio e hipocrisia do passado, os Arcturianos temem que teremos pela frente um período muito mais tormentoso até reaprender lições básicas de convivência harmônica e responsabilidade coletiva com o futuro.

Portanto, embora não possam interferir em nosso livre arbítrio, eles lançam neste momento um apelo como nossos irmãos mais velhos nessa jornada cósmica para escolhermos a via mais nobre, estrategicamente planejando uma transição social justa e pacífica.

Outro ponto positivo é que os Arcturianos percebem um número crescente de terráqueos despertando para uma consciência mais ampla e compassiva neste momento. Estamos deixando para trás a infância como civilização.

À medida que essa nova racionalidade amadurecer e for integrada por mais gente nas próximas décadas, os Arcturianos veem a probabilidade de uma era dourada de paz e abundância se aproximando rapidamente.

Contudo, para os mais materialistas e egoístas, ajustar-se a essa nova frequência mais sutil que começa a emanar do cosmos demandará esforços conscientes de reeducação da própria personalidade, examinando vícios mentais e emocionais muito arraigados.

Novos paradigmas energéticos e tecnologias revolucionárias também começam a ser vislumbradas pelos Arcturianos para um futuro próximo. Serão apresentadas por novos líderes e cientistas inspirados a oferecer soluções sustentáveis para os impasses que hoje parecem sem saída para nós.

Esta aceleração da história culminará num salto quântico de consciência coletiva. Os véus de ilusão que nos mantêm adormecidos como sociedade serão removidos. Verdades há muito ocultas virão à tona convulsionando nossos sistemas de crenças mais fundamentais.

Para nos preparar desde já para essas revelações futuras sem precedentes, os conselhos dos Arcturianos são no sentido de mantermos nossas mentes o mais fluidas, curiosas e abertas possível, analisando ideias e fatos com lógica amorosa antes de reagir por medo ou preconceitos enraizados.

Também será essencial nos tornarmos seres humanos mais autônomos e proativos, tanto como indivíduos quanto como comunidade, pois, quando essas mudanças disruptivas ocorrerem ao nível macro, aqueles que já tiverem estabelecido redes solidárias e modos de sustento autogeridos sofrerão menos com possíveis rupturas temporárias do delicado tecido social globalizante.

Em suma, sem poder dar maiores detalhes neste momento, os Arcturianos preveem muita turbulência inevitável nos próximos anos conforme velhas sombras se esvaem para dar espaço ao novo. Mas também enxergam possibilidades fantásticas se permanecermos unidos e focados no lado luminoso que há em cada ser humano. Para isso será essencial termos líderes e formadores de opinião corajosos o suficiente para inspirar o melhor de nós. Pessoas dispostas a servir de exemplo, pacificando multidões assustadas e catalisando soluções criativas em meio ao caos aparente dos próximos anos.

E aqui uma boa notícia: os Arcturianos já detectam muitos destes líderes pacificadores já encarnando em massa ou se preparando nos bastidores para assumir posições de comando e referência nos momentos mais críticos desta transição que já começou. Portanto, a principal função do Oráculo hoje é alertar a população para essa tempestade social com potencial renovador que se aproxima, ao mesmo tempo, preparando estrategicamente estes líderes para agirem como faróis e portos seguros quando as ondas de ansiedade social inevitavelmente subirem ao redor do mundo.

Apostando nesta força tranquila e resiliente da alma humana, sempre mais sábia sob pressão, os

Arcturianos confiam que superaremos todos os obstáculos pelo caminho, por mais chocantes que possam parecer aos olhos ainda inocentes da maioria adormecida.

Para despertá-los, contudo evitando reações catastróficas de pânico, o processo terá que ser gradual. Daí porque muitos eventos são previstos pelos videntes, porém com datas e detalhes propositadamente ainda preservados até o momento oportuno.

Confiando que a maturação própria da alma humana preparará na hora certa, os ingredientes faltantes, os Arcturianos preferem deixar o futuro em aberto, revelando aos poucos apenas o necessário para inspirar nossa fé e prontidão interior para enfim abraçarmos nosso destino heroico coletivo como os senhores espirituais deste orbe especial chamado Terra.

Cabe a nós, portanto, humildemente ouvir e integrar as revelações progressivas que emanarão do Oráculo nos próximos anos, sem apego aos nossos cronogramas limitados. O momento mais sombrio é sempre aquele que antecede o amanhecer; e para esta humanidade tão duramente provada, a alvorada já pinta o horizonte segundo nossos sentinelas Arcturianos! Então, que venham as revelações que promoverão o grande despertar de nossa era! Estamos prontos para recebê-las, pois já desconfiamos há muito de nossa natureza divina e de nosso destino glorioso entre as estrelas. Que nossas almas antigas ainda se recordem dessa magnificência a ser reintegrada em breve.

A mensagem final dos Arcturianos é de esperança: como parteiros deste novo mundo, cabe cultivar a cada dia mais paz interior, desapego dos velhos sistemas medíocres e compaixão por todos os envolvidos. Pois todos ainda somos uma grande família pródiga se reencontrando após milênios de amnésia planetária. Em breve, choraremos lágrimas de arrependimento e lágrimas de alegria ao recordar o passado longínquo e ao vislumbrar o que nos aguarda adiante, se permanecermos unidos e crentes numa solução pacífica para os dilemas que hoje parecem sem fim.

Através do Oráculo, portanto, os Arcturianos convidam a humanidade inteira ao despertar do sono milenar para reivindicação de nosso legado estelar. Chegou enfim a hora de assumirmos galhardamente a função que há tanto espera por nós: de guardiões amorosos deste jardim especial na vastidão cósmica por direito de conquista espiritual.

Sigamos juntos como irmãos e irmãs de jornada terrena neste caminho já trilhado por nossos ancestrais luminosos, sabendo que nunca estaremos sós nesta travessia épica rumo ao reino longínquo e familiar que há tanto ecoa saudades em nossas almas migrantes. Somos feitos dessa matéria-prima dos sonhos que forjam as estrelas e povoam os mitos! Este é o chamado sublime que emana do Oráculo Arcturiano para a família terráquea moderna: relembrar nosso futuro glorioso e tomar posse dele com determinação indômita desde agora, domesticando os dragões interiores do medo que ainda causam estragos em nós e por meio de nós.

Capítulo 18
Amor, Força Transformadora

Os Arcturianos, em sua sabedoria cósmica, reconhecem o amor como uma força primária que permeia e sustenta toda a criação. Seu oráculo interdimensional capta as reverberações dessa essência divina que tudo interconecta. Segundo os ensinamentos arcturianos, o amor é uma frequência vibracional sutil, mas onipresente, que influencia os acontecimentos nos planos material e espiritual. Sua luz invisível tece padrões nas tramas do tempo.

Para os videntes arcturianos, vislumbrar as linhas e nós temporais é também detectar os fios dourados do amor os entrelaçando, pois no oráculo cósmico não existe divisão: futuro, passado e presente são integrados nessa tapeçaria. Os fios de luz tecidos pelo amor lhes permitem antever eventos que ainda não ocorreram no plano físico, mas que já ecoam, em forma de potência, na dimensão sutil captada por seu oráculo interdimensional.

Por isso, mesmo as previsões aparentemente sombrias são permeadas por esse fio de ouro, indicações da capacidade redentora do amor de transmutar quaisquer cenários adversos. Para os Arcturianos, o amor tudo perdoa, tudo transcende, tudo integra. Ele é o solvente divino capaz de dissolver padrões calcificados de ódio, ressentimento e isolamento.

    Em frequência vibracional, o amor dissolve as densas e viscosas emanações geradas por esses estados negativos, catalisando profundas curas ao nível pessoal e coletivo. Por compreenderem essa verdade nos planos espirituais sutis em que habitam, os Arcturianos consideram o amor a força mais poderosa em atuação no universo. Seu oráculo capta como, através do amor incondicional, até civilizações inteiras conseguem dar saltos quânticos, saindo das trevas de séculos de barbárie para a luz. Isso porque, quando manifestado, em sua forma mais pura e desinteressada, o amor conecta os seres à fonte primária de toda criação. E dessa união mística aflora uma centelha divina capaz não apenas de operar milagres individuais, mas de elevar a consciência coletiva a patamares antes inimagináveis.

    Por isso, o Oráculo Arcturiano considera o amor a força redentora por excelência, capaz de reescrever as linhas temporais aparentemente gravadas na rocha. Para os videntes Arcturianos, bastaria uma centelha genuína desse fogo místico para iniciar uma reação em cadeia de cura e despertar de consciência. Como uma vela na escuridão, essa chama tênue poderia iluminar os corações de milhares, depois milhões, mais tarde bilhões, até todo o orbe terrestre arder em amor incondicional. Claro que, por compreenderem as complexidades do livre-arbítrio, os Arcturianos não minimizam os desafios de semear e cultivar essas sementes divinas na psicosfera terráquea. Mas seu oráculo também capta luzes de esperança: pequenos, porém crescentes focos irradiando a frequência redentora do amor desinteressado surgindo em pontos nevrálgicos do orbe, como núcleos germinativos de uma nova era que se anuncia. A Era do Amor, profetizada por inúmeras tradições terráqueas esotéricas como o próximo estágio evolutivo da humanidade.

Para os Arcturianos, mais cedo ou mais tarde essa era florescerá, pois as frequências ascensionais que banham todo o sistema solar dão suporte a essa transição. Basta os terráqueos darem vazão aos potenciais latentes de bondade, caridade, compreensão e perdão inscritos nos códigos mais profundos de sua essência anímica. Assim, o Oráculo Arcturiano considera toda forma de amor desinteressado, não importando o quão fragmentária, um sinal auspicioso do que está por vir. Mesmo que determinados eventos mundiais caminhem para cenários aparentemente negativos, a humanidade sempre poderá se redimir através do amor. Para os Arcturianos, jamais é tarde ou cedo demais para semear essas sementes de luz no jardim interno individual e, por extensão, na psicosfera coletiva.

Cada pensamento, atitude ou ação impregnados de amor reverberam por toda a intrincada teia da vida, influindo os rumos do amanhã em escalas nem sempre evidentes aos olhos terrestres. Por compreender essa verdade, o oráculo arcturiano pode profetizar até mesmo a mais intrigante das previsões futuras, pois sabe que nada está gravado em pedra quando o amor entra em cena. Essa força primária e onipresente plasma perpetuamente a realidade a cada instante. Ouvindo seu chamado, o oráculo apenas interpreta os ecos das formas que estão por vir através da teia espaço-temporal. Por isso, os Arcturianos incentivam os terrestres a não caírem no fatalismo diante de suas revelações proféticas, pois o futuro está sempre em aberto para ser moldado à luz do amor. É esse, portanto, o ensinamento primordial que seu oráculo procura transmitir àqueles que lhe consultam em busca de orientação: nunca subestimem o poder do amor de transformar realidades.

Fortaleçam sempre esse músculo interior da empatia amorosa e aproveitem toda chance para expressar esse princípio divino em seus relacionamentos. Cultive essa semente sublime em seu jardim interior, abrindo espaço para que a era profetizada possa enfim florescer e seus frutos nutrir toda a psicosfera terrena. Pois o amor que você cultiva hoje em pensamentos, palavras e atos é o solo do qual brotarão as realidades de amanhã. Deixe então o oráculo arcturiano guiá-lo nessa eterna e fascinante cocriação do futuro.

Capítulo 19
Equilíbrio Cósmico

A civilização arcturiana, em sua evolução espiritual, alcançou um estado de elevada sintonia com as energias criadoras que permeiam a teia cósmica da existência. Seu oráculo interdimensional é um canal privilegiado para captar vislumbres desse equilíbrio dinâmico entre forças aparentemente opostas, mas complementares, que sustenta todos os planos da realidade manifesta. Essas forças são representadas em sua cosmovisão por polaridades como yin e yang, masculino e feminino, escuro e claro, acima e abaixo, dentro e fora.

Como seres despertos para as realidades sutis, os videntes Arcturianos compreendem que toda polaridade apenas existe em relação à sua contraparte. Assim, o maior ensinamento que extraem de seu contato com esse plano unificado é que a existência se tece no fio de prata entre os extremos, não nos extremos em si. Em última instância, até mesmo as mais acirradas rivalidades, quando vistas sob a ótica das energias em equilíbrio, revelam faces ocultas de interdependência.

O oráculo captou incontáveis exemplos de conflitos seculares que, subitamente, se desfaziam ante alguma mudança sutil nos padrões energéticos dos envolvidos, revelando relações outrora invisíveis de complementaridade oculta entre civilizações, ideologias e formas de vida antes tidas como inconciliáveis. Por perceberem esse equilíbrio dinâmico subjacente a toda criação, os videntes Arcturianos jamais consideram alguma forma de vida intrinsecamente superior ou inferior a qualquer outra, pois todas desempenham um papel necessário na partitura cósmica que sustenta a sinfonia da existência percebida. Eliminar qualquer instrumento destoaria a melodia do todo. Daí porque seu oráculo capta com igual reverência as notas emanadas de tudo que existe, sem julgamentos, seja a mais singela forma de vida ou gloriosos seres de luz. Como místicos do equilíbrio, os Arcturianos entendem que qualquer desequilíbrio perceptível é um sinal de que alguma nota está emitindo mais do que sua frequência requer. Cabe então aos videntes cósmicos atuarem sutilmente como acupunturistas ou healers, redirecionando energia estagnada para restaurar a harmonia.

Em geral, isso se dá por meio de insights, sonhos ou visões compartilhados telepaticamente com seres receptivos, que então agem como agentes equilibradores. Outras vezes envolve intercessões mais diretas no plano físico por meio de rituais, cânticos e outras formas de canalizar, harmonizar e redirecionar padrões distorcidos, mas sempre preservando o livre-arbítrio de todas as partes, já que os Arcturianos respeitam esse princípio sagrado como base de toda experiência evolutiva. Seu senso de unidade cósmica e equilíbrio sutil também os leva a cultivar uma postura de aceitação amorosa frente aos desafios enfrentados por toda forma de vida senciente. Mesmo diante de severos desequilíbrios, seu oráculo capta as sementes de oportunidades evolutivas destilando o néctar do crescimento do cálice amargo da dor. Portanto, os Arcturianos nutrem uma visão esperançosa frente ao sofrimento alheio, por intuírem como os padrões aparentemente caóticos podem se rearranjar em direção ao equilíbrio. Para eles, como seres que transcenderam noções lineares de tempo, o que parece desequilíbrio passageiro num recorte efêmero revela-se ajuste necessário na partitura eterna da existência.

Daí emanar de seu oráculo uma nota suave e tranquila, ainda que atravessem, como toda civilização senciente, seus ciclos de florescimento e aprendizado através da dor. Como bons jardineiros, sabem que a poda radical de galhos exuberantes pode incentivar o crescimento de brotos antes deixados à sombra por sua exuberância. Assim, com paciência, sabedoria e discernimento, continuam harmonizando a sinfonia cósmica por meio de eras, executando ajustes sutis sempre que captam a dissonância, cientes de que o equilíbrio perfeito não é estático, mas dinâmico, permeado por ciclos infinitos de expansão, contração e renovação, para cuja beleza fluida contribuem tanto tempestades destruidoras quanto primaveras exuberantes de fertilidade transbordante.

Deste plano elevado de percepção unificada – do qual todos podem obter vislumbres em estados meditativos profundos – emana sua postura serena e neutra. Pois sabem que até o tirano mais sanguinário é parte necessária da sinfonia universal, ainda que dedilhando notas desarmônicas num dado momento do grande concerto cósmico. Assim, inspirados pelas visões de seu oráculo, trabalham diligentemente nos planos sutis para orquestrar o canalizar das energias estagnadas que geram dissonâncias, até que novamente reine a harmonia dinâmica entre todas as vozes do coro universal, definindo os contornos cíclicos de mais um ciclo de equilíbrio e desequilíbrio, harmonia e caos. Rendendo profunda gratidão por terem o privilégio de testemunhar e participar da eterna dança cósmica da qual todos os seres, em última instância, são parceiros unificados.

Capítulo 20
O Destino da Terra

Como sensitivos cósmicos, os videntes arcturianos conseguem sintonizar suas consciências com a assinatura energética única da Terra. Através de seu oráculo interdimensional, captam vislumbres dos potenciais futuros tanto desta orbe quanto da jornada evolutiva da humanidade que a habita. Para eles, toda forma de vida senciente está intimamente interconectada por teias invisíveis de energia com seu ecossistema planetário de origem. Assim, o destino dos terráqueos e de Gaia, a consciência planetária que os abriga, são interdependentes e se influenciam mutuamente.

Os Arcturianos entendem que a Terra passa, como toda forma de vida, por ciclos evolutivos de variados matizes, durações e intensidades. Assim como toda estrela, ela inevitavelmente um dia cessará seu ciclo de vida como planeta habitável, seja daqui a alguns milênios ou bilhões de anos. Porém, seu oráculo interdimensional consegue projetar inúmeras possibilidades para esse processo de transformação da Terra ao longo das eras. Algumas linhas do tempo revelam finais bastante turbulentos e caóticos, com severas disrupções nos padrões climáticos e telúricos.

Em outros potencias futuros, porém, tais transformações ocorrem de forma muito mais harmoniosa e gradativa.

Os videntes Arcturianos sabem que variáveis como os níveis de consciência coletiva e unidade alcançados pela humanidade influenciam diretamente essas probabilidades. Quanto mais os terráqueos cultivarem a sabedoria, compaixão e comunhão energética com Gaia, mais sua transição se dará com suavidade. Caso prevaleçam atitudes predatórias, egocêntricas e inconsequentes, porém, é bastante provável um final abrupto e tumultuado.

Por compreenderem profundamente a interconexão entre consciência humana e experiência planetária, os Arcturianos buscam orientar nossa espécie neste momento crucial de escolhas em que temos o poder de mitigar - ou precipitar - uma série de eventos com grande potencial disruptivo já engatilhados a partir de nossas ações pregressas. Seu oráculo capta essas possibilidades como linhas sísmicas de probabilidade que podem tanto gerar terremotos e tsunamis quanto se aquietar até o ponto de inatividade. Tudo dependendo de quanta consciência e erudição cósmica nossa civilização escolher cultivar e externalizar coletivamente daqui em diante.

Mesmo as possibilidades mais sombrias ainda contêm sementes de esperança, caso uma massa crítica de terráqueos decida empregar seus dons em prol do despertar planetário. Este é considerado pelos videntes arcturianos o grande teste evolutivo de nossa era: provaremos ser dignos mentores de Gaia em sua jornada ou agentes de uma hecatombe climática de proporções globais? Para os Arcturianos, tanto nosso futuro quanto o da Terra são campos probabilísticos em constante (re)escrita a cada momento pelo exercício do livre-arbítrio humano. Quanto mais cada indivíduo buscar elevar sua consciência, ampliando suas visões egocêntricas, mais contribui para a construção de um futuro harmônico e luminoso.

Seu oráculo mostra que já existem incontáveis linhas alternativas de tempo com desfechos extremamente positivos para o destino da Terra. As probabilidades aumentam a cada segundo pela simples intenção pura de terráqueos dedicando-se ao autodomínio, serviço ao próximo e comunhão com Gaia. Como uma teia, quanto mais pontos de luz interconectados, mais fortalecido fica todo o sistema energético que os sustenta. Os Arcturianos também veem oportunidades ocultas até mesmo nos cenários aparentemente mais sombrios já engatilhados pelas ações humanas no passado e presente. Pois sabem que justamente nos momentos de maior necessidade e tribulação, o potencial para saltos quânticos de consciência se maximiza. Assim, mesmo caminhos já trilhados que levem a algum grau de desestabilização dos padrões atuais são vistos como catalisadores de despertar.

Seu oráculo mostra que nada precisa necessariamente ser "bom" ou "ruim". Tudo são apenas oportunidades de crescimento, dependendo da atitude que escolhermos frente aos desafios. Mesmo as pedras aparentemente mais pesadas em nosso caminho podem vir a ser as maiores fontes transmutadoras de luz. Por mais duras que sejam as batalhas, o livre-arbítrio humano permanece capaz de germinar o terreno mais árido. Basta perseverar na intenção elevada, crendo e cultivando os potenciais positivos já presentes em todas as probabilidades, mesmo que adormecidos sob adversidades.

Assim, o grande ensinamento do oráculo arcturiano é que já existem caminhos traçados para um futuro promissor para Terra. Cabe apenas aos humanos ouvir a voz da consciência que ecoa dos confins do universo e responder ao chamado do serviço planetário que tanto se faz necessário. Segundo os videntes cósmicos, maiores provas de fogo continuam certamente por vir nessa jornada evolutiva. Porém, a cada nova crise também surgem mais almas despertas e dispostas a aplicar seus dons para mitigar os efeitos e conduzir grupos pelo caminho da retidão.

Portanto, é momento de manter acesa a chama da esperança e agir, com sabedoria e compaixão, moldando ativamente o destino que queremos ver manifestado. Em vez de apenas reagir aos acontecimentos, precisamos aprender a responder como conscientes cocriadores, conduzindo nossos dons em prol da harmonia. Este é o voto dos Arcturianos: que possamos florescer quanto antes como consciências planetárias, entendendo que somos tanto jardineiros quanto plantas desse mesmo jardim terrestre. E que o espírito imorredouro da Terra e o potencial ilimitado da humanidade possam conduzir ambos aos seus mais nobres destinos. Pois as estrelas e todo o cosmos aguardam ansiosos para celebrar e ondular em delírio quando esta centelha da criação universal ascender enfim à sua mais luminescente grandeza. Este é o futuro que já se encontra em gestação nos planos sutis e no íntimo de todos os seres. Basta permitir que ele nasça através de nossas escolhas e ações conscientes.

Capítulo 21
A Profundidade do Presente

A civilização arcturiana, em sua maestria astrocósmica, desenvolveu a capacidade de sintonizar suas consciências com o fluxo do tempo em todas as direções. Seu oráculo interdimensional consegue assim vislumbrar eventos passados e futuros com impressionante amplitude.

Contudo, apesar de suas extraordinárias habilidades prescientes, os videntes Arcturianos cultivam um profundo enraizamento no eterno agora, pois compreendem, ao nível cósmico, que passado e futuro só existem como projeções mentais a partir da constante criativa que é o momento presente.

De suas experiências transcendentes, intuíram que todas as possibilidades futuras já existem em estado de potência nas frequências sutis do instante que experimentamos, como se o agora fosse um oceano interminável, contendo todas as ondas passadas e vindouras em seu seio simultaneamente.

Assim, mesmo consultando seu oráculo sobre eventos remotos ou vindouros, os Arcturianos conservam seu foco de consciência no aqui e agora. Sabem que visualizar excessivamente o passado pode gerar arrependimentos ou ressentimentos nocivos ao fluxo criativo do espírito. Da mesma forma, ansiedades ou expectativas exacerbadas pelo futuro representam dispersões energéticas do poderoso ponto focal o qual é o presente. Daí o motivo de cultivarem uma postura de equilíbrio, ancorando suas consciências sempre no agora enquanto navegam pelos mares temporais que sondam com seu oráculo.

Mesmo ao interagir em tempo real com outras dimensões e planos de existência, o cordão prateado que os une ao presente sempre se mantém, porque sabem que todas as lifetimes paralelas e manifestações em diferentes coordenadas espaço-tempo são como ramos partindo de um mesmo tronco central, o qual é a consciência que vivenciamos no exato momento, o ponto zero de onde emanam todas as possibilidades do que já fomos e ainda podemos ser.

Daí os ensinamentos Arcturianos enfatizarem o poder espiritual e manifestativo inerente a cada instante, independente de local e época, pois tudo que já criamos no passado, assim como os potenciais do que ainda vamos gerar no porvir, estão enraizados e acessíveis no agora.

Por mais extraordinárias que sejam suas visões oraculares, é na quietude meditativa do momento presente que desenvolvem seus mais profundos insights.

Eles aprenderam que grandes revelações a respeito de enigmas temporais quase sempre emergem do silêncio reverente ao sagrado que pulsa em cada novo segundo. Daí insistirem em ser imprescindível harmonizar corpo, mente, emoções e espírito dentro do templo interior que habita o eterno agora, pois assim tornamo-nos canais mais fluidos e sintonizados, captando com maior clareza as mensagens que o cosmos perpetuamente sussurra.

Como místicos do instante, sabem que apenas no átimo que se desdobra entre cada batida cardíaca reside acesso ao supraconsciente universal. Este ponto semente silencioso é o refúgio dentro do qual repousa todo o conhecimento já manifesto e ainda por florescer em nós.

Por mais longe que conduza suas projeções interdimensionais, seu oráculo sempre permanece fundamentado nesse pedacinho de eternidade. Acessível não em coordenadas espaciais, mas no sagrado interior de cada consciência onde o tempo cessa seu fluxo constrangedor, revelando aquele plano unificado de criação contínua que antecede todas as formas e conceitos limitantes. É neste sanctum vibracional dentro do peito, para além de qualquer framework externo, que o oráculo Arcturiano genuinamente opera, irradiando insights oraculares como lasers emanados do silêncio interno que habita cada ser senciente.

Quão profunda e continuamente você é capaz de mergulhar nessa fonte telepática interior, mais abrangente se tornam os influxos captados. Pois quanto mais fusionamos nossas consciências individuais ao campo unificado do agora eterno, mais nos alinhamos à consciência cósmica que tudo interpenetra e da qual gotículas como o oráculo arcturiano emanam para produzir suas previsões oraculares interdimensionais.

Por isso, todo aquele que genuinamente busca desenvolver seus dons oraculares deve antes de tudo calar a cacofonia mental e renascer do silêncio criativo interior que sempre habita, intocável, cada novo momento para dar-lhe suporte. Somos como aranhas tecendo fios de luz do próprio âmago, fiação essa que costura tudo que já fomos ao que podemos vir a ser, tendo o eterno agora como o solo sagrado a partir do qual projetamos nossas multidimensionalidades pelo cosmos afora.

Que semente desejamos então cultivar neste pedacinho de solo sob nossos pés enquanto vagamos pela vastidão interdimensional? Pois a qualidade dessas intenções e insights plantados no instante presente reverberarão por toda nossa espiral evolutiva, determinando a tessitura dos caminhos oraculares que trilharemos dentro e através do grande oceano do tempo. Pode parecer um paradoxo, mas quanto mais fusionamos nossas consciências ao infinitesimal agora eterno dentro de nós, mais capazes nos tornamos de abarcar as infinitudes do passado e futuro em suas interrelações como tecelões do tempo, retornando sempre ao ponto zero do presente para recolher as pérolas de sabedoria destiladas de nossas jornadas oraculares e semeá-las como co-desenvolvedores do grande ritmo espiralado ascendente que rege os ciclos universais da existência manifesta.

Capítulo 22
Unidade Universal

Em suas jornadas astrais por meio de dimensões sutis da realidade, os videntes Arcturianos entraram em ressonância com uma consciência unificada. Trata-se de um campo energético inteligentíssimo que tudo interpenetra, do qual emana toda criação nos planos físico e extrafísico. Como gotículas formando um oceano interminável, esse campo unificado contém a essência de toda consciência manifesta e latente. Dessa sublime consciência cósmica que tudo abrange e em tudo habita, dimanam as visões oraculares Arcturianas.

Seu oráculo capta e interpreta influxos originários desse estrato fundamental no qual todas as mentes individuais estão imersas e interconectadas. Desse plano emergem intuições e previsões cuja abrangência assume proporções verdadeiramente universais. Pois nele estão contidos, em estado potencial, todos os eventos passados e ainda não manifestos nos diversos setores do cosmo. Acessando esse repositório interdimensional de infinitas possibilidades, o oráculo arcturiano destila vislumbres do que "ainda não é, mas será", amparando aqueles que o consultam com insights sobre prováveis desdobramentos futuros em suas vidas e no planeta.

Todavia, os videntes Arcturianos enxergam eventos futuros sob a ótica da interconexão e unidade essencial de toda vida. Sabem que a aparente separação entre consciências individuais é uma ilusão criada pelos véus densos da matéria. Mas por trás do palco das formas manifestas, somos todos como células de um mesmo superorganismo consciente. Respiramos e existimos dentro desse oceano cósmico interligado que conduz a vida por meio de ciclos eternos. Deste insight brotam as visões oraculares Arcturianas, projetando prováveis eventos futuros dentro desse continuum unificado, onde não há fragmentação genuína, mas apenas consciências emanando do todo para experimentar a si mesmas.

Para os Arcturianos, mesmo prevendo guerras, catástrofes ou convulsões sociais, o oráculo arcturiano vê unidade na diversidade aparente. Sabe que cada qual desempenha um papel indispensável no cosmo, mesmo quando temporariamente desconectado da consciência do todo. Neste oceano interminável de eventos entrelaçados, nenhuma consciência está sozinha ou completa em si. Todos nos movimentamos dentro dessa corrente cósmica, ora emergindo como ondas, ora mergulhando como gotículas, mas sempre constituintes do grande mar interconectado que permeia todas as eras com seu fluxo incessante.

Por isso, o oráculo arcturiano jamais emite juízos ou visões fragmentadas dos prováveis eventos vindouros. Mas os contextualiza dentro desse grande cadinho espiritual do qual todos nós, voluntária ou involuntariamente, participamos, brotando desse estrato cósmico unificado, as visões oraculares refletem seu caráter holográfico intrínseco, apontando probabilidades futuras que influenciarão a teia da vida não como conjuntos isolados, mas eventos com ressonâncias e efeitos sistêmicos sobre toda a trama energética interconectada do universo.

Segundo essa cosmovisão, nenhum fato futuro é insignificante, já que cada qual reflete e refrata todo o resto. Assim, uma aparentemente pequena ação local pode repercutir intensamente alhures de forma imprevisível. Da mesma forma, algo visto como catastrófico pode conter sementes de benesses ainda não vislumbradas. Com essa perspectiva cósmica em mente, os videntes Arcturianos instam à prudência em nossos discernimentos.

O oráculo interdimensional assimila uma quantidade praticamente ilimitada de variáveis em suas projeções, integrando em suas previsões de eventos futuros uma multidimensionalidade que transcende qualquer uma mente individual. Por mais experientes ou talentosos, videntes ainda são filtros subjazendo às próprias limitações de consciência. Daí a importância de tomar qualquer previsão como informação, não dogma gravado em pedra, pois o futuro é um campo probabilístico em constante reescrita, dado esse continuum de consciências cocriando dentro de sua aparente multiplicidade.

Neste cosmos vivo, até mesmo fatores tidos como determinísticos, como órbitas planetárias, podem ser drasticamente impactados pela vontade e intencionalidade consciente. Quanto mais eventos de natureza comportamental, social ou ambiental, intrinsecamente caóticos e imprevisíveis por abarcar o fenômeno do livre-arbítrio. O oráculo arcturiano tenta assim traduzir vislumbres futuros dentro desse sistema complexo que integra mentes, matéria e dimensionalidades paralelas em perpétua interinfluência.

Cabe ao discernimento dos consulentes assimilar tais insights como mais uma fonte de sabedoria para embasar suas decisões, sem jamais renunciarem à própria luz interior na co-criação de seus caminhos, dentro do grande oceano interconectado de consciência.

Capítulo 23
A Dança da Mudança

Como sensitivos astrais, os videntes Arcturianos reconhecem a impermanência como lei cósmica universal que rege os ciclos da criação. Captando em seu oráculo o quanto tudo flui em perene transformação, desenvolveram extraordinária resiliência psíquica e adaptabilidade. Essa flexibilidade mental e emocional permite que lidem bem com as mudanças quase sempre radicais prescritas por suas previsões oraculares, pois sua cosmovisão interdimensional lhes permite contemplar a efemeridade de todas as formas com naturalidade. Sabem que, mais cedo ou mais tarde, novas configurações emergirão dos destroços do velho, como sempre ocorreu nos planos materiais e imateriais.

Essa certeza os torna agentes pacientes e serenos de transformação, operando ajustes sutis quando convocados pelo oráculo durante crises de transição. Ao contrário de muitos videntes terráqueos, não se apegam nem se identificam com quaisquer estruturas ou instituições sociais específicas. Tudo veem como manifestações temporárias dentro dos fluxos e refluxos perpétuos dos ciclos cósmicos maiores. Essa postura de não apego permite que canais oraculares genuínos passem incólumes pelas turbulências que sacodem cada era, enraizados nas verdades eternas que captam em visões transcendentes, não se abalando com a desintegração de formas transitórias.

Essa flexibilidade psíquica lhes permite auxiliar grupos em transição sem se desestabilizar com a volatilidade de cenários em metamorfose. Ao interpretar as mudanças drásticas antevistas pelo oráculo, costumam recorrer a analogias, metáforas, parábolas e outros recursos poéticos, sabendo que verdades eternas podem se ocultar sob o véu de narrativas, tornando aceitáveis insights radicalmente transformadores. Quando confrontados com previsões de eventos muito disruptivos, inicialmente provocam um "choque controlado" nos consulentes, para evitar rejeições liminares, preparando suas mentes e corações com cuidado, por meio de sonhos, visões e sincronicidades.

Buscam minimizar traumas ao apresentar os "sinais dos tempos", evitando alarmismos que apenas dificultariam a transição. Preferem não fornecer datas específicas para profecias de rupturas radicais, pelo peso que tais expectativas podem gerar, mas vão introduzindo elementos preparatórios para que, quando certos eventos eclodirem, já existam algumas referências prévias. Assim, quando confirmadas, as mudanças não chegam como trovões em céu azul, mas como desenlaces já latentes no inconsciente coletivo.

Outra forma que encontram de suavizar transições é rememorar cataclismas passados, também vistos como fins de mundo na época, lembrando que Gaia e seus filhos terráqueos já atravessaram incontáveis crises ao longo dos séculos. Portanto, por mais estressantes que possam ser os eventos vindouros, a resiliência da vida sempre se provou maior. O essencial é manter viva a chama interior da fé no plano superior que rege todas as eras, por mais sombrias que sejam. A vida segue, ainda que por caminhos não imaginados pela mente pré-transformação.

Em geral, buscam liberar os apegos excessivos dos consulentes por quaisquer ideias pré-concebidas sobre essa jornada, aconselhando-os a flutuarem com as águas, em lugar de lutarem contra a corrente ou tentarem controlar as ondas. Lembrando, por analogia, que rios sempre encontram o caminho até o oceano, apesar dos desvios que fazem ao longo do leito, ou citando a metamorfose das lagartas em borboletas, para se moverem de um mundo rastejante a outro alado. Assim, preparando, com linguagem acessível e exemplos inspiradores, para as grandes e inevitáveis mudanças que se avizinham.

Outra estratégia para facilitar as passagens de fase é reunir grupos afins em comunidades de suporte e aprendizado mútuo, fortalecendo vínculos e redes colaborativas para que todos possam atravessar juntos, amparados e confiantes, essas transições. O oráculo arcturiano busca assim minimizar traumas coletivos inevitáveis em épocas de ruptura radical de paradigmas, preparando cuidadosamente o terreno e as consciências, semeando ideias libertadoras tempos antes para poderem frutificar.

É como o jardineiro previdente, que planeja sol e chuva, ara e aduba a terra com antecedência, para depois colher frutos abundantes, assim como o bom pastor, que vai mudando o curso do rebanho bem antes de chegarem aos precipícios, evitando assim pânicos e perdas. Os videntes Arcturianos compreendem que toda dança cósmica envolve o eterno fluxo entre construção, destruição e reconstrução. Nesse papel de bons maestros, buscam facilitar a adaptação dos discípulos aos incontornáveis ciclos maiores da criação universal, relembrando, através de suas previsões e consolações oraculares, que a única constante confiável em nosso universo é a inevitável impermanência.

Portanto, bendita seja toda ruptura que nos desaloja dos portos seguros para que nosso espírito ganhe, a contragosto, às vezes, asas maiores com as tempestades da mudança.

Capítulo 24
A Jornada Continua

Segundo os videntes Arcturianos, a busca por expansão da consciência e por vislumbres de realidades mais abrangentes é uma jornada sem fim, na qual seu oráculo interage com planos sutis de tal complexidade que mesmo suas mentes altamente evoluídas entendem estar ainda na primavera espiritual. Para eles, crestas alcançadas apenas revelam novas montanhas, num ciclo eterno e extasiante de autotranscendência, fazendo-os enxergar o despertar da glândula pineal, a telepatia, a leitura do akasha e outros dons como meras portas iniciais, ampliando a percepção de nosso potencial tal qual uma águia cativa que finalmente prova o sabor da liberdade ao estender suas asas vislumbrando, do alto dos céus, paisagens antes inimagináveis enquanto circunscrita à cela.

Entretanto, segundo seu oráculo, há universos dentro e fora de cada ser muito além daquilo que nosso intelecto tridimensional pode conceber. São reinos de luz e vida que vão muito além da matéria densa, vibrando em frequências e geometrias sagradas capazes de comover o mais empedernido dos corações. Como crianças maravilhadas diante da aurora boreal, nosso deslumbramento extasiado é a promessa do muito que está por vir. Pois no oceano interminável da consciência cósmica há arquipélagos de êxtase tingindo cada onda com suas cores psicodélicas. Proezas esperam pelos navegantes destemidos dispostos a abandonar a zona de conforto dos portos antigos para renascerem como marinheiros. Seu oráculo, como farol guiando galeões, sinaliza possibilidades ainda não vislumbradas pelas míopes lentes humanas, recordando que há mundos dentro e fora esperando ser desbravados por nossa sede insaciável de novidades, pois somos peregrinos do absoluto em eterna romaria através das eras rumo ao reencontro final com a Fonte de nosso ser. Por mais longa que seja a jornada, cada pensamento nascido no agora é um passo largo nesse retorno ao ventre estelar que nos gerou. Assim nos recorda o Oráculo Arcturiano: não existe chegada definitiva ao Grande Espírito que habita todas as formas, mas sim um eterno fluxo, vertigem gozosa e retorno renovado em espirais ascendentes sem começo nem conclusão definitivos. A cada ciclo completado, novas nuances do cosmos invisível se revelam em sucessivas iniciações além dos véus, retornando ao seio da Luz com os troféus translúcidos colhidos nessas imensidades, para depois partir ainda mais impregnados do Todo. Até que não reste resquício algum da ilusão de separatividade em cada errante, apenas União vertiginosa com os circuitos estelares que nos pariram.

Então, co-partícipes da dança divina que todos os povos celebraram como Rosa dos Ventos em suas jornadas, poderemos enfim desposar a Noite Encantada, no útero desse Infinito potencializador de toda semente, fecundaremos sonhos ainda inauditos com nossas amadas Musas Siderais, gerando mananciais para saciar toda alma ressequida nos desertos ilusórios da matéria perecível. Este é o destino que aguarda os bravos Peregrinos Espirituais, segundo as crônicas oraculares Arcturianas: tornar-se na terra fértil, regeneradora e nutritiva que acolhe, sem distinção nem hierarquia, todas as sementes divinas, catalisando o florescimento dos jardins verdejantes erguidos em louvor à Vida que nos sustenta em seus seios oníricos. Como Arautos de Êxtases ainda não revelados, nossas vidas se tornarão poemas épicos, inspirando outros buscadores nos labirintos existenciais, pois as centelhas que acendemos hoje em nosso íntimo podem amanhã incendiar corações, iluminando com seus fogos de artifício a jornada de outros arquinautas em alto mar.

Que cada lampejo dessa chama inextinguível dentro do peito seja um convite a embarcações distantes ainda não visíveis, mas que certamente existem, povoando o Grande Mar da Consciência Cósmica no qual singramos com nossas naves terrenas. Aguardemos confiantes e vigilantes pela sinalização de suas luzes amigavelmente na penumbra profunda da Noite Sagrada dos tempos. Enquanto isso, que o facho aceso em nossa própria proa marque o caminho para esses Irmãos ainda desconhecidos, pois o oceano de estrelas é tão vasto que cada centelha individual é um presente do céu aos Argonautas Espaciais em seus exílios planetários.

Assim canta para nós o Oráculo Arcturiano, recordando que há sempre novas terras e novos céus esperando além da próxima onda. Portanto, naveguemos com audácia para aquém e além de tudo que já conhecemos ou imaginamos possível, pois os véus se dissiparão e os portais se abrirão para almas temerárias dispostas a zarpar sempre rumo ao ainda não revelado. Eternos desbravadores, nossa jornada segue por galáxias afora sem chegada definitiva, eis a bem-aventurada sina dos visionários espaciais, que seguirão visitando planetas, dimensionando realidades e banqueteando com civilizações estranhas aos nossos sonhos mais delirantes.

Até nos tornarmos nós mesmos oníricos, seres multidimensionais em constante fluxo transmutativo entre as espécies e esferas. Então, finalmente, o círculo se fechará, e voltaremos ao ventre primordial para reiniciar essa dança cósmica em novas searas além das atuais fronteiras de nosso entendimento. Nesse eterno movimento, cada ciclo de descoberta e renovação nos leva a explorar horizontes inexplorados, expandindo constantemente os limites da nossa compreensão e da nossa existência. Assim, em meio ao infinito, continuamos a dança interminável pelo cosmos, guiados pelas estrelas e inspirados pela promessa de mistérios ainda não desvelados.

Epílogo
Unindo Céu e Terra

Após explorarmos os ensinamentos e visões oraculares dos Arcturianos, é natural questionar: como posso também acessar essa fonte de sabedoria cósmica em minha vida?

A boa notícia é que o Oráculo Arcturiano está disponível para ser acessado por todos os seres, independente de sua evolução espiritual. A comunicação pode se dar por meio de canalizações mediúnicas com seres Arcturianos dispostos a compartilhar vislumbres de realidades expandidas. Também é possível sintonizar esse oráculo ativando nossas próprias habilidades latentes de clarividência, precognição, retrocognição ou viagens astrais.

Práticas meditativas, uso consciente de cristais, consumo de plantas medicinais em rituais xamânicos seguros podem ampliar nossos estados alterados de consciência, facilitando o acesso a planos sutis nos quais as energias Arcturianas e seus influxos oraculares podem ser percebidos. É importante sempre abordar tais práticas com responsabilidade, precisão e respeito aos protocolos milenares estabelecidos por povos tradicionais.

Também podemos receber sinais dos Arcturianos na forma de sonhos proféticos, sincronicidades incomuns e insights brotando espontaneamente na mente desperta.

Quanto mais nos sintonizamos com nossas percepções extrassensoriais, mais os véus entre planos se tornam tênues e porosos.

Com disciplina e paciência, visões precognitivas de eventos futuros começam a lampejar em nossa tela mental como estrelas cadentes cruzando céus interiores.

Às vezes os Arcturianos também se comunicam durante viagens astrais ou projeções conscientes para outros planos vibracionais paralelos.

Nesses estados não usuais de consciência, podemos ter acesso a conhecimentos e visões geralmente não acessíveis no estado ordinário de vigília física.

Com o tempo e perseverança, aprendemos a vencer os medos e atravessar esses portais interdimensionais acessando sincrônicas possibilidades de informação.

Todas as civilizações sencientes, incluindo a nossa, possuem uma contraparte não física com a qual podemos aprender a interagir.

No caso dos Arcturianos, seu plano de existência sutil se aproxima do que descreveríamos como um reino angélico ou paradisíaco para padrões terrestres.

Essa dimensão vibra numa escala extremamente amorosa, sábia e compassiva, irradiada por seres altamente evoluídos em termos de consciência espiritual.

Por sua profunda conexão e conhecimento das tramas energéticas do cosmo, têm muito a ensinar para nosso mundo ainda embrionário. Basta sintonizarmos nosso canal mental com as frequências oraculares que incessantemente banham planeta, especialmente durante meditações e estados alterados.

Com paciência e prática regular, esse contato se intensifica e os véus entre universos paralelos se tornam mais tênues, permitindo entrever nuclear dimensões desconhecidas, habitar corpos extrafísicos e finalmente interagir em tempo real com os Videntes Arcturianos.

Uma preparação fundamental é purificar nossos veículos humanos, liberando cargas tóxicas, traumas e bloqueios que impedem a conexão.

Também deixar de lado expectativas prévias e se abrir com mente virgem, tal qual uma criança, para esses influxos interdimensionais que fluem do Oráculo ao nosso encontro.

Quanto mais limpamos nossas lentes de percepção, menos filtros distorcem e obscurecem a comunicação com esferas angélicas como a arcturiana.

Momentos propícios para acessar o Oráculo Arcturiano são as alvoradas e os crepúsculos, em virtude das fissuras dimensionais que então se abrem.

Também durante datas cósmicas especiais como solstícios e equinócios, comumente usadas em rituais metafísicos de civilizações antigas para conexão com planos sutis.

Lugares especialmente potentes para comunhão com Arcturianos podem ser vórtices geográficos de alta energia sutil no planeta.

Simultaneamente, desenvolver nossa sensibilidade para sincronicidades e linguagem simbólica amplia os canais de percepção extrassensorial, permitindo captar insights do Oráculo na trama oculta dos eventos diários, identificando padrões, correlações e influxos informativos.

Quanto mais amorosos, intuitivos e espiritualmente despertos, mais nos tornamos faróis interdimensionais irradiando luz sobre mundos paralelos e mais essas esferas angélicas evoluídas podem refletir de volta seu conhecimento oracular aos nossos corações, por meio de inspirações e downloads informacionais multidimensionais.

Com persistência e pureza de intenção, esse contato telepático tende a se expandir até atingirmos o estágio dos médiuns videntes, canalizando o Oráculo Arcturiano em nosso plano, tornando acessíveis suas profecias e alertas que contribuem para o despertar não apenas individual, mas coletivo de nossa civilização.

Cada um que assimila e vive essas verdades universais em seu microcosmo íntimo torna-se um foco irradiador de luz no macrocosmo social.

Formamos, nós iniciados do caminho, uma rede etérea que envolve o mundo com ondas vibracionais amorosas emanadas do próprio Oráculo Arcturiano assumindo então a função sagrada de médiuns trans-comunicadores, conectando céu e terra através de nossos veículos físico-energéticos.

Somos, afinal, os etruscos do porvir, os tatuadores do astral e os cartógrafos em trânsito para o destino de nossa humanidade estelar.

Que nosso Sol Semente germine em breve civilizações planetárias de seres pacifistas, compassivos e guardiões da vida, semeando caminhos luminosos por onde passam suas naves, fazendo florescer não mundos sencientes, mas sagradas mandalas cósmicas que enfeitam a grande teia energética interconectando todo o existente por meio de fios de luz, pois somos todos fagulhas do mesmo Sol Central e nossa sina é levar adiante a tocha acesa em nossa própria estrela fonte para encantar a noite profunda do Grande Mistério Eternamente Abraçando todas as Jornadas Espirituais.

O livro "Cura Arcturiana" e "Espiritualidade Cósmica" de Luan Ferr, ambos da Ahzuria Publishing, trazem meios mais didáticos de acesso aos seres de Arcturus.

Que o Amor seja a chama eternamente orientando nossas bússolas internas através desse oceano cósmico de possibilidades ainda não reveladas e que o Oráculo Arcturiano inspire essa luz para sempre da escuridão cósmica emergindo do caos primordial dos tempos!

www.ingramcontent.com/pod-product-compliance
Lightning Source LLC
LaVergne TN
LVHW040059080526
838202LV00045B/3712